本书为重庆市教育学会第十届（2021—2023年）基础教育科研立项课题"初高中德育一体化课程建构与实施策略——以重庆市巴南中学校为例"（课题批准号：XH2021A165）的成果。

中学责任教育理论思考与实践探索

以重庆市巴南中学校为例

张　礼◎著

西南大学出版社

国家一级出版社　全国百佳图书出版单位

图书在版编目（CIP）数据

中学责任教育理论思考与实践探索：以重庆市巴南
中学校为例 / 张礼著. -- 重庆：西南大学出版社，
2024. 10. -- ISBN 978-7-5697-2573-5

Ⅰ . G631.7

中国国家版本馆 CIP 数据核字第 20241X070N 号

中学责任教育理论思考与实践探索

—— 以重庆市巴南中学校为例

ZHONGXUE ZEREN JIAOYU LILUN SIKAO YU SHIJIAN TANSUO
—— YI CHONGQING SHI BANAN ZHONGXUEXIAO WEI LI

张礼　著

责任编辑： 陈铎夫
责任校对： 文佳馨
装帧设计： 闰江文化
排　　版： 李　燕
出版发行： 西南大学出版社（原西南师范大学出版社）
　　　　　　网　　址：http://www.xdcbs.com
　　　　　　地　　址：重庆市北碚区天生路2号
　　　　　　邮　　编：400715
　　　　　　电　　话：023-68868624
印　　刷： 重庆正文印务有限公司
成品尺寸： 170 mm × 240 mm
印　　张： 11.5
字　　数： 188千字
版　　次： 2024年10月　第1版
印　　次： 2024年10月　第1次印刷
书　　号： ISBN 978-7-5697-2573-5

定　　价： 68.00元

前　言

　　为顺应国际政治、经济、文化和人口发展变化等趋势及挑战,重塑未来教育议程,联合国教科文组织发布了《中期教育战略(2014-2021)》,确立了"培育全民创造力与责任心"的价值取向。由教育部委托北京师范大学,联合国内高校近百位专家成立课题组,历时3年完成的《中国学生发展核心素养》也将"责任担当"列为中国学生全面发展所需要的六大素养之一。

　　责任教育不仅是一个教育实践问题,而且是一个教育研究课题。只有通过研究,才能使责任教育有章有法;只有通过研究,才可使责任教育理论形成。本书立足基层一线学校的教育实践,从教育管理的视角,探究了中学责任教育的设计,拓展了责任教育的范畴;通过探讨学校管理领域的责任实践问题,寻找责任教育与责任管理之间的有机联系,使它们结合成一个整体,并让这一整体逐步形成学校教育发展的重要基因与关键动力,从而促进学校发展、教师进步和学生成长。

　　责任教育与责任管理是本书研究的两大主题,笔者在理论借鉴和经验吸收的基础上,分别对两者的相关理论、设计思路和实践路径进行了探究,并尝试将责任教育的思路和方法拓展到学校的管理之中,同时摸索学校责任管理模式的设计和实践,为建设负责任的学校、打造负责任的教师、培养负责任的学生贡献绵薄之力。

目录
Contents

上 篇

理论思考

第一章　中学责任教育的研究背景

教育之本,立德树人;社会发展,责任共担。在中华民族发展的历史长河中,"责任担当"的精神源远流长;在古今中外的教育领域里,"责任教育"的传统历久弥新。国家十分重视培养学生的社会责任感,将"培养学生的社会责任感"作为重点任务在国民教育全过程中大力推进。当今世界正经历"百年未有之大变局",责任教育也有了新的使命和新的内涵。教育者必须深入把握党和国家为新时代青少年儿童的责任教育确立的核心目标,在新的历史起点上继续探寻责任教育规律。中学阶段是人的一生发展的关键时期,这段时期既是一个人获取知识、习得技能的快速成长期,更是一个人世界观、人生观、价值观的形成关键期。中学生是国家未来的建设者,是社会未来发展的主要参与者。有责任才有担当,有担当才有作为,培养现代中学生的责任意识和责任能力,关系到民族未来和社会进步。因此,责任教育理应纳入中学生核心素养培养体系,成为中学德育工作的重要部分。

按一般教育逻辑,责任教育属于学校德育工作的范畴。在德育实践过程中,德育工作者看似重视责任教育,但往往停留在口头强调、会议要求层面,实际操作时却鲜有将责任教育植入工作程序步骤中或将责任教育安排到学校的序列化德育活动之中的,通常是落实不了、实效性不强的情况居多。个中缘由还是教育主体对责任教育不够重视,觉得这是一个不再重要的老套话题,或者虽然承认了责任教育的重要性,但由于不明内容、欠缺方法而无从下手。鉴于此,本章主要探讨责任教育的背景及研究的意义和方法等内容。

第一节 问题的提出

一、时代要求

古往今来，人们从未停止探究"责任"或与之相关内容的脚步。不论是从中国古代的思想家孔子、孟子，到近现代的教育家陶行知、蔡元培等，还是从西方的思想家苏格拉底、柏拉图、亚里士多德，到近现代的学者杜威、科尔伯格等，都有与"责任"相关的论述。

责任是一个世界性的话题。早在1972年，联合国教科文组织在《学会生存》这一报告中指出："人类发展的目的在于使人日益完美；使他的人格丰富多彩，表达方式复杂多样；使他作为一个人，作为一个家庭和社会成员，作为一个公民和生产者、技术发明者和有创造性的理想家，来承担各种不同的责任。"1989年，该组织将"面向21世纪的教育"国际研讨会的主题确定为"学会关心"，呼吁一种道德关怀与道德责任。

进入21世纪，全球经济的发展、政治的平衡、社会的稳定、科技的进步、环境的保护、资源的节约等方面都面临着前所未有的挑战，责任担当与责任教育不仅没有失去市场，反而比任何时候都更迫切地被人们需要。新时代和平与发展要求我们树立全球共同责任观，担当履行国际责任，构建人类命运共同体。正像联合国前秘书长安南所说："全球化的世界就像一艘小船……如果有人生病了，所有的人都会面临感染；如果有人愤怒了，其余的人很容易面临伤害。"①

以信息技术为依托的第四次工业革命浪潮正在涌来，以经济和科技为核心的综合国力竞争日趋激烈，全球化与逆全球化、遏制与反遏制的国际较量愈加胶着，中国发展面临更加复杂的国际环境，中华民族正处在伟大复兴的关键时期，这就是我们面临的时代形势。就中国而言，国际竞争的应对、经济转型时期矛盾的化解、市场秩序的规范、道德的重构、民生问题的破解、各领域公平的维护、贫困的降解等方面都在呼唤国家和政府的责无旁贷、公职人员的责任担当和人民群众的责任自觉。

面对社会的变革，人们的生产方式、价值观念、文化生活等都需要进行调整和创新,相应地,学校的道德教育和责任教育也应随之而改进。良好的国民素质和高水平人才,是中国在当今国际形势和时代大潮中应对得当、取得自身应有发展的关键性因素。中学生作为未来社会的中流砥柱,将在合适的时机担当起应对风险挑战、推动社会发展的重任。因此,能否培养一大批具有全球视野、民族意识、担当精神的建设者队伍,将决定国家的命运和民族的未来。由此,大力开展责任教育成了新时代的迫切需要。鉴于此,《基础教育课程改革纲要(试行)》(2001)指出:"新课程的培养目标应体现时代要求。要使学生……具有社会责任感,努力为人民服务"。2021年新修订的《教育法》也将"增强受教育者的社会责任感"规定为重点内容。

二、现状分析

如前所述,"责任自觉""责任担当"已成为人们在新时期生存与发展的"通行证"。然而,责任教育形势总体不容乐观,困难挑战和不确定性仍然不少。早在十多年前,就有研究者通过调研分析认为,在青少年身上表现得较为突出的是"道德和责任品质的失落","青少年的责任品质的现状可谓喜忧参半,总体来说,不容乐观。"[②]也有研究者认为,"当下中学生在责任承担上更倾向于选择个人利益"[③]。

在2003年上海市洋泾中学对部分中学生的一项问卷调查中,当代高中生面对有关社会责任意识的问题回答具体如下:面对"当你遇到个人利益与社会或集体的利益发生冲突时,你会放弃个人利益而服从集体利益吗?"这一问题,64%的学生回答了"不会",23%的学生回答了"可能",13%的学生回答了"会";对"你毕业后为了什么而努力?"的问题,74.2%的学生回答了"既为社会也为个人",回答"为了民族的振兴,国家的富强"的学生仅占9.7%,回答"不太明确"的学生占10.5%;对于"你认为对家庭负责应从什么时候开始?"这个问题,多数学生表示,应该是在参加工作甚至是结婚后才开始负责[④]。

在2009年的新闻报道中,上海师范大学教育心理学系李丹教授主持的一项调查发现,中小学生选择社会责任感认知原则取向的比例并未随着年龄的增长而一直提高。从小学二年级、四年级到六年级,这一比例有较大的上升;到了初二阶段,却有明显的下降。出于关爱他人,满足他人需求而付出责任心的选择,在低年级时都超过了20%,六年级时甚至超过30%,但是到了初二阶段,却下降到了19.3%。⑤这在某种程度上说明,高年级学生相对于小学生而言反而更少考虑他人的需求。

分析以上调查结果可以发现,在早先时候,中小学生"重个人利益轻集体责任"的倾向较突出,国家意识和民族责任感比较淡薄,家庭责任观念比较落后,且其责任意识并未随着年龄的增长而增强。

时至当下,青少年的责任意识也未见明显提高,依然存在一些令人担忧的现象,"不敢承担后果的行为在青少年中并不少见"。调查发现,"为自己的不良行为找借口"是青少年普遍的不良行为之一,在青少年学生的调查中排在第四位,在教师和家长的调查中均排在第二位;而且47.8%的青少年学生承认在承担行为后果方面感到非常痛苦,24%的学生不确定。⑥青少年缺少责任意识,呈现出责任自觉程度较低,以自我为中心较突出等不良态势,以及对他人求助显得冷漠,缺乏社会公德,不愿承担家务,不愿参与集体活动,拒绝投身社会公益活动等不良行为。究其原因,既有市场经济中的消极因素的影响,也有社会不良风气的浸染,还有家庭教育的缺失,当然还有一方不能逃避,那就是学校未能将责任教育真正落地。有研究者指出:"当前学校责任教育工作,很多时候只停留在表面。"⑦正是因为以金钱为价值衡量标准、以个人为中心、忽视集体等不良观念,以及社会责任意识淡漠、社会公德缺位等不良现象对学生产生了不小影响,学校才更应该旗帜鲜明地担当起责任教育的重任,为社会风气纠偏出一份力,为合格人才培养尽一份责。从这个意义上讲,以学校教育推进责任教育深入发展也应成为新时期教育的重点内容之一。

三、学校实际

中学阶段是学生个人社会化和"三观"(世界观、人生观、价值观)确立的关键时期,此时的学生可塑性强且不稳定性高,对责任的理性认知尚不成熟。一所中学的责任教育,不仅要让学生感知责任内涵、产生责任意识,还要在实践中不断让学生形成责任观念、提高责任能力,从而加深学生对责任的理解,增强其履行责任的自觉性。

　　笔者所在的重庆市巴南中学校(即巴南中学)是一所市级重点中学,地处重庆市区,包括初级中学和高级中学,共6个年级,共有3800余名学生。近年来,学校进一步加快教育改革步伐,研究分析学校发展的优势与劣势、机遇和挑战,根据时代发展和个人成长需要,结合我校学生发展实际,在多年积淀的基础上,继承并完善了办学理念体系,坚持"人生立世,责任为本"核心理念,确立"育守责立身之人"育人宗旨,确定"修己任责,力行日新"学校校训,引导学生通过"修己"实现"任责",落实"力行"达到"日新"。学校着力通过责任教育将责任意识和责任能力注入学生的综合素养中,使之成为学生实现个人价值和社会价值的重要支撑。通过不断积累、凝练、总结、提升,责任教育已成为贯穿学校德育工作的主线,成为学校的德育品牌和办学特色。

第二节　研究的意义和方法

一、理论意义

　　虽然本书的重点较多在责任教育实践操作的探讨上,但实践的研究离不开理论的指导,也离不开从理论层面进行思路的梳理和理性的设计。因此,本书也将对责任教育的理念、愿景、原则、体系等进行探讨,对责任教育进行一定的模式提炼和理论反思,并将责任教育的触角延伸到学校管理层面,对责任管理进行一定的构想设计。通过研究,希望能为责任教育理论的丰富和发展做出力所能及的贡献。

二、现实意义

　　具体来讲,责任教育及其研究具有以下三个方面的现实意义。

　　第一,责任素养是个人发展的必备核心素养。责任意识、责任能力是个人素质的重要组成部分,其与价值观、竞争意识、合作意识、审美意识等一起构成个人的整体素质。责任素养不仅与其他素质形成互促互进、和谐统一的关系,而且在人的素质构成系统中居于核心位置。具有责任意识、责任能力是个人迎接社会挑战、担当社会责任、实现人生价值的关键。一个人能否被他人和社会接纳,能否在社会和工作岗位上有所作为,很大程度上取决于其是否具有责任意识和责任能力。具有责任意识和责任能力,才能拥有学习的动力、竞争的胆识、开拓的勇气、创造的魄力和创新的智慧。

第二,责任教育是学校教育的必要组成部分。责任意识与责任能力在个人发展中具有关键性作用,但是强烈的责任意识和较高的责任能力不能自发形成,需要学校有意识地进行系统化的教育训练。处于成长关键期的中学生只有在与同伴互动学习的环境下才能获得高效而直观的责任实践体验,只有在学校系统有序的责任教育模式中才能接受符合身心发展规律的责任教育。因此,学校既有实施责任教育的优势,又有实施责任教育的责任。学校通过实施责任教育,促进学生的个人发展;并通过对责任管理的研究与实践,提高教职员工的工作水平和管理水平,提高办学业绩与办学声望,进一步促进学校自身的发展。

第三,责任教育是个人发展的需要,是学校办学的责任,更是社会发展的要求。如前所述,世界的和平与发展,国家之间的竞争与合作,各民族的生存与发展以及中国自身的发展与民族的复兴,都离不开一代又一代有责任担当的建设者和接班人。鉴于此,各个国家都应该将公民的责任教育视为重要的教育内容,我国也不例外。责任教育是全面贯彻国家教育方针的需要,是持续推进素质教育的需要,是切实培养合格公民的需要。

三、研究方法

本研究使用的主要方法有文献研究法、案例解剖法、经验总结法等。

(一)文献研究法。查阅相关文献,了解责任教育相关理论和实践做法,进行必要的学习和借鉴。

(二)案例解剖法。考察实际案例,剖析操作过程中的疑点难点,确定关键步骤与注意事项。

(三)经验总结法。立足实践探索,总结学校责任教育实践行动的经验教训,通过反思得到启发,形成较成熟的实践操作建议。

第二章　中学责任教育的理论思考

第一节　概念界定

一、中学责任教育

随着社会责任问题的突出以及责任教育的实施不畅,责任教育问题受到越来越多的研究者关注。关于责任教育的界定,学界也有诸多见解。有研究者提出:"学校对责任感的教育,就是指在学校中进行的各种有目的、有计划的以培育和发展学生责任感的教育活动过程,包括课堂关于责任相关的理论知识、责任规范的讲授和课外道德责任实践的引导。"[①]还有研究者认为,"责任教育就是使行为主体践行某种契约的或道德的责任,而对其有组织有计划有目的地施加影响的过程"[②]。这两种定义分别从不同层面解释了责任教育的内涵,前者将责任教育主要定位到"培养责任感"这一目标上,后者则显得过于简要,可能会使得读者在理解责任教育的内涵时存在一些误解。

笔者认为,中学责任教育是根据学校德育要求和学生身心发展特点,全面性、系统化地培养学生责任意识、培育学生责任情感、加强学生责任能力、提高学生责任实践水平的教育,其目的是使学生拥有良好的责任品格。这一责任品格既包括对基本的责任知识和社会规范的认知,也包括丰富的责任情感,以及优秀的责任承担能力。

从本定义的视角来看,可对中学责任教育作如下理解:第一,中学责任教育是学校德育体系的重要内容之一,而不是区别于学校德育工作的独立教育板块,责任教育服从于、服务于并支撑着学校德育工作大局。第二,中学责任教育不仅重视学生责任精神层面的教育,也重视其责任实践层面的教育。第三,良好的中学责任教育将激发学生主观能动性与尊重学生个人自由两者尽可能地有机结合,既关注社会和时代对个人的责任担当要求,也关照个人自身发展的合理诉求,达成教育目的。第四,本书将责任教育置于教育管理视野下进行探讨,将责任教育的范畴拓展到学校的管理领域,进而探索学校责任管理的全面性、系统化等相关问题。

二、基于中学责任教育的中学责任管理

就笔者查阅文献而言,目前关于企业社会责任和目标责任制的研究较多,也有一些学校领域的与文化管理和制度管理相关的研究,但鲜有与中学责任管理相关的研究。借鉴教育管理学和制度管理有关理论,基于中学责任教育的相关理论意义,结合自身教育实践经验,笔者认为,中学责任管理是指学校在相关教育政策和行政要求的指导下,为增强学校管理效能、提高学校教育质量,运用岗位或角色的责任驱动手段,组织、协调和管理学校教育工作者(包括学校管理者和一线教职工)的活动。

这种管理活动可从以下几个层面去理解:第一,学校责任管理可以借鉴制度管理的做法,但不应与制度管理完全相同,它更多属于学校文化管理的范畴。第二,学校责任管理的关键在于建设责任文化即锤炼教育工作者的责任意识、责任情感、责任能力,提高责任实践行为的自觉性与有效性。第三,学校责任管理与责任教育紧密相关,指向教育者的责任管理是手段,面向受教育者的责任教育是目的。良好的责任管理方式为责任教育提供支持和保障,责任教育成果又为责任管理方式的改良提供反馈和动力。

第二节 理论借鉴

一、中华传统责任教育思想

中华文明博大精深,蕴藏着丰富的教育资源和教育智慧。在浩瀚的传统经典中,中国传统道德相关论述占据了极重的分量。相比西方道德观,我国传统道德观的一个突出特点是强调国家、民族、社会的集体本位和整体观念,这一特点具有重要的现代教育价值,为当下责任教育的完善发展提供了重要的

启示和借鉴。笔者精力和学识有限,难免挂一漏万,仅试着将与之相关的文句列举如下。

(一)传统家国情怀为责任教育提供了课程土壤

《诗经》中的"夙夜在公",《左传》中的"公家之利,知无不为""临患不忘国",《汉书》中的"国耳忘家,公耳忘私",《墨子》中的"义,志以天下为芬"等天下为公的责任自觉;《周易》中的"作《易》者,其有忧患乎?",陈子昂的"圣人不利己,忧济在元元",范仲淹的"先天下之忧而忧,后天下之乐而乐"等心系天下的忧患意识;《论语》中的"当仁,不让于师",《孟子》中的"如欲平治天下,当今之世,舍我其谁也?",张载的"为天地立心,为生民立命,为往圣继绝学,为万世开太平"以及顾炎武的"保天下者,匹夫之贱,与有责焉"等敢于承担的责任气概。诸如此类的优秀传统文化,为责任教育中处理家国关系、培养家国情怀的相关课程提供了重要土壤。

关于责任的重要性,梁启超说,"人生于天地间,各有责任","自放弃其责任,则是自放弃其所以为人之具也。是故人也者,对于一家而有一家之责任,对于一国而有一国之责任,对于世界而有世界之责任。一家之人各各自放弃其责任,则家必落;一国之人各各自放弃其责任,则国必亡;全世界人人各各自放弃其责任,则世界必毁"[20]。在浩瀚的历史长河中,中华民族涌现了一大批胸怀责任的先驱者,忧国忧民的文人志士不胜枚举,他们在家国责任的领域中"立言""立行"。屈原投汨罗江,诸葛亮"鞠躬尽瘁,死而后已",岳飞"精忠报国",文天祥吟"人生自古谁无死,留取丹心照汗青"而就义,王守仁历经入仕、谏诤、廷杖、贬罢、功成、受诬、辞官等人生起伏仍忠于职守,林则徐身体力行"苟利国家生死以,岂因祸福避趋之",戊戌六君子为变法革新慷慨赴难,李大钊的"铁肩担道义",等等。他们以实际行动践行了对社会、对民族、对国家的英勇担当,为责任教育提供了丰富的内容和营养。

(二)传统伦理规范为责任教育提供了启发借鉴

中华民族历来高度重视责任心的培养,中国传统伦理规范就是中国的思想家们依据"以名定责"的方法和原则建立的。即根据实际的伦理道德生活需要,从社会实际的伦理关系和伦理生活出发,划分出各种各样的伦理角色,规定一定的伦理道德义务。

在传统伦理思想中,既有在国家层面上界定的责任,也有在具体社会生活中根据人的身份、岗位和角色界定的责任。"名分论"观点就道出了角色与责任的关系,将封建时代的典型关系即君臣、父子、夫妻的关系称为"名",相应的责任、义务称为"分"。《管子》中"守慎正名,伪诈自止",《国语》中"举善援能,官方定物,正名育类"等都是关于名分的解释。《论语》中的"名不正,则言不顺;言不顺,则事不成"也特别强调了正名的重要性。

关于这种角色的划分及其与责任的关系,《礼记》概括出"父慈、子孝、兄良、弟弟(悌)、夫义、妇听、长惠、幼顺、君仁、臣忠,十者谓之人义";《孟子》概括出"父子有亲,君臣有义,夫妇有别,长幼有序,朋友有信"五种基本人伦关系;董仲舒将角色关系与责任义务概括为"三纲五常",即"君为臣纲,父为子纲,夫为妻纲"以及"仁、义、礼、智、信"。

就具体责任而言,《论语》中的"道千乘之国,敬事而信,节用而爱人,使民以时""政者,正也,子帅以正,孰敢不正?""不能正其身,如正人何?"等均要求治理者承担相应的责任;"学而不厌,诲人不倦"等要求教师以身作则;"父母在,不远游,游必有方"等规范了子女对父母的行为和情感导向。再如荀子书中的"天地君亲师"思想,以及出自《礼记·大学》的"身修而后家齐,家齐而后国治,国治而后天下平"等观点无不规定着人们的责任。

由此可见,传统伦理思想将社会角色与相应的责任相匹配,并提出相应的关系处理原则,比较充分地论述了责任对于个人、家庭、国家和民族的重要作用,这种以角色确定责任的思想虽然有一定的历史局限性,但以批判继承的眼光来看,它对今天的道德教育和责任教育仍有重要的启发、借鉴意义。

(三)传统修身思想为责任教育提供了人文底色

"修齐治平"思想,即重视自身修为而成就个人抱负、实现家国担当,是儒家思想的重要组成部分,出自《礼记·大学》的"物格而后知至,知至而后意诚,意诚而后心正,心正而后身修,身修而后家齐,家齐而后国治,国治而后天下平",强调修身是任责的前提,修身的目的是治国平天下。同义,巴南中学校训

"修己任责"中"修己"一词出自《论语·宪问》，"子路问君子。子曰：'修己以敬。'曰：'如斯而已乎？'曰：'修己以安人。'曰：'如斯而已乎？'曰：'修己以安百姓。修己以安百姓，尧、舜其犹病诸！'"意即通过修炼自身，达到"敬人、安人、安百姓"的责任目标。

"克己复礼"是儒家思想中的重点要求之一，孔子对以社会管理者为主的社会各阶层提出了"克己"的要求，出自《论语》，"克己复礼为仁。一日克己复礼，天下归仁焉。为仁由己，而由人乎哉？"，论述了一个人想要成为品德高尚、有责任担当的仁人，关键在自我要求，正所谓"我欲仁，斯仁至矣"。"克己"的实现，则需要通过"自戒"和"自省"等手段方式，如《论语》中的"君子有三戒：少之时，血气未定，戒之在色；及其壮也，血气方刚，戒之在斗；及其老也，血气既衰，戒之在得""见贤思齐焉，见不贤而内自省也""吾日三省吾身：为人谋而不忠乎？与朋友交而不信乎？传不习乎？""躬自厚而薄责于人，则远怨矣"等。

在涉及个人内在修养与外部责任担当相关的论述中，"内圣外王"思想当属典型。"内圣外王"是指道德高尚的人执掌政治权力，能自觉地担当起其管理社会、贡献社会的责任，"内圣"是内在修养要求，是一种人格理想，非特指成为"圣人"，"外王"则是外部责任担当，不完全指成为社会管理者和国家统治者，也可以指成为能自我实现、担当作为、为社会作出贡献的人。这一思想最早出自《庄子》，"圣有所生，王有所成，皆原于一。不离于宗，谓之天人；不离于精，谓之神人；不离于真，谓之至人；以天为宗，以德为本，以道为门，兆于变化，谓之圣人；以仁为恩，以义为理，以礼为行，以乐为和，熏然慈仁，谓之君子；以法为分，以名为表，以参为验，以稽为决，其数一二三四是也，百官以此相齿；以事为常，以衣食为主，蕃息蓄藏，老弱孤寡为意，皆有以养，民之理也"，"是故内圣外王之道，暗而不明，郁而不发，天下之人各为其所欲焉以自为方"。后来，儒家将"内圣外王"思想不断丰富和发展，认为"内圣"和"外王"是相互统一的，内圣是种子，外王是树木，以"修己"为起点，以"治人"为终点，只有不断提升内在修养，才能成为"仁人""君子"；只有在"内圣"的基础之上，才能够安邦治国。

"立己达人"思想则立足在处理自己与他人的关系方面。儒家强调，"立己"是基础，"达人"是归宿。《论语.雍也》："夫仁者，己欲立而立人，己欲达而达人。"自己有所成就,人生通达了,也不要忘记使别人也能有成就、通达。也就是说,在满足自身需要的同时,也要满足他人的需要,两者都满足了,才是一个真正的"仁者",才能真正做到"内圣外王"。

针对自身需要与社会需要之间的关系,荀子也有过"制礼以分"的深刻阐述,《荀子·礼论》:"礼起于何也?曰:'人生而有欲,欲而不得,则不能无求;求而无度量分界,则不能不争。争则乱,乱则穷。先王恶其乱也,故制礼义以分之,以养人之欲,给人之求。使欲必不穷乎物,物必不屈于欲,两者相持而长,是礼之所起也。'"道德责任归根结底是人类社会本身运动发展的内在需求,是维护人伦、保护秩序、实现人与社会稳定发展的重要前提。

"修齐治平""克己复礼""内圣外王""立己达人""制礼以分"等传统修身思想为现代道德教育和责任教育提供了重要人文底色。

二、马克思主义哲学中的责任教育观点

(一)马克思主义"人的本质"观点及其延伸出的责任观念为责任教育提供思路方向

1.马克思主义"人的本质"观点

马克思和恩格斯在吸收黑格尔辩证法和费尔巴哈唯物论的合理成分的基础上,从唯物史观出发,对人的本质进行了深入探讨,形成了人的本质的科学论断。马克思在《关于费尔巴哈的提纲》中关于人的本质问题的经典表述是,"人的本质不是单个人所固有的抽象物,在其现实性上,它是一切社会关系的总和",第一次从与以往哲学家不同的角度更深刻、更科学地揭示了人的本质。

马克思反对抽象地理解人的本质,主张从现实的、具体的个人去理解人:"我们的出发点是从事实际活动的人……但不是处在某种虚幻的离群索居和固定不变状态中的人,而是处在现实的、可以通过经验观察到的、在一定条件下进行的发展过程中的人。"[11]

马克思批判"抽象、孤立的人"观点,他指出:"费尔巴哈没有对这种现实的本质进行批判,因此他不得不:(1)撇开历史的进程,把宗教感情固定为独立的东西,并假定有一种抽象的——孤立的——人的个体。(2)因此,本质只能被理

解为'类',理解为一种内在的、无声的、把许多个人自然地联系起来的普遍性。"

在探讨人与宗教、人与现实的关系时,他指出:"人创造了宗教,而不是宗教创造了人。……人并不是抽象的(地)栖息在世界以外的东西。人就是人的世界,就是国家,社会……宗教把人的本质变成了幻想的现实性,因为人的本质没有真实的现实性。"⑫

马克思将"人的本质"观点放到现实中、具体情境中去认识,强调人的社会性、阶级性和历史性,反对脱离具体的历史条件和社会关系考察人的本质。

2.从"人的本质"观点延伸出的责任观念

正如马克思所说:"如果使这个我脱离他的全部经验生活关系,脱离他的活动,脱离他的生存条件,脱离作为他的基础的世界,脱离他自己的肉体,那末(么)他当然就不会有其他职责和其他使命。"⑬责任是直接与个人相匹配的,与人类的产生、发展、变迁密切相关,责任之于个体的人和人类既是历史的更是现实的。不存在脱离人的责任,也不存在脱离现实的责任,"超越现实"去讨论责任是无甚意义的。因此,在研究责任及责任教育内涵时,不能抽象地、超现实地去界定、挖掘内涵,而只能在历史的、现实的情境中进行考察,既要考虑人的"类责任",又要关注现实的多维度的人的"具责任",还要综合思考人的"多责任"。这就要求我们在探讨人的责任时要运用系统的、整合的、全面的方法考察人的责任及责任教育的内涵与外延。

诚如马克思所说:"社会不是由个人构成,而是表示这些个人彼此发生的那些联系和关系的总和。"人的本质是"一切社会关系的总和",个体不是脱离社会的孤立的存在,而责任的渊源也在于此。社会关系是一个复杂的系统。列宁在解释马克思在《资本论》第1卷序言中所说的"社会形态的发展是自然历史过程"时,把社会关系区分为"物质的社会关系"和"思想的社会关系",并对这两种社会关系的内涵分别作了界定:"物质的社会关系"(即生产关系或经济基础),是"不通过人们的意识而形成的社会关系";"思想的社会关系"(即上层建筑),则是"通过人们的意识而形成的社会关系"。⑭按通常的划分,物质的社会关系一般包括生产、分配、交换、消费等四个环节,并相应形成四类关系;

而思想的社会关系是指基于物质的社会关系产生并受之决定的关系,主要有政治的、法律的、文化的、伦理的、道德的、宗教的关系等。

面对种种人类必须处理的社会关系及社会责任,马克思在1835年写就的中学毕业论文《青年在选择职业时的考虑》中写道:"在选择职业时,我们应该遵循的主要指针是人类的幸福和我们自身的完美。不应认为,这两种利益会彼此敌对、互相冲突,一种利益必定消灭另一种利益;相反,人的本性是这样的:人只有为同时代人的完美、为他们的幸福而工作,自己才能达到完美。""如果我们选择了最能为人类而工作的职业,那么,重担就不能把我们压倒,因为这是为大家作出的牺牲;那时我们所享受的就不是可怜的、有限的、自私的乐趣,我们的幸福将属于千百万人,我们的事业将悄然无声地存在下去,但是它会永远发挥作用,而面对我们的骨灰,高尚的人们将洒下热泪。"这一闪耀着人性光辉的观点展示了人高层次的个体责任观念,为我们如何界定人的责任边界及探寻责任教育内容提供了宝贵的研究思路,也为今天的责任教育的高阶目标定位了方向。

(二)马克思主义实践观点与伦理观点为责任教育提供方法论指导

1.马克思主义实践观点的指导意义

实践观点是马克思主义首要的、本质的观点,学会了实践观点的运用就如同找到了解开人的本质、社会发展规律、人类思想演变等问题的钥匙。马克思提到,从前的一切唯物主义(包括费尔巴哈的唯物主义)的主要缺点是:对对象、现实、感性,只是从客体的或者直观的形式去理解,而不是把它们当做感性的人的活动,当做实践去理解,(也)不是从主体方面去理解。[15]这里马克思指出只有运用实践的观点才能真正理解现实世界的本质,才不会只停留在感性层面、现象层面。

马克思在《德意志意识形态》中强调实践产生意识,即"思想、观念、意识的生产最初是直接与人们的物质活动,与人们的物质交往,与现实生活的语言交织在一起的。"[16]在现实中从事实践活动的人才有可能产生意识,马克思认为自己的哲学不同于德国古典哲学,他认为德国古典哲学发自于"天",他的则是发自于现实的人。在物质与意识的关系上,马克思的哲学考察方法是从现实的个人出发的,没有现实和生命个体,也不会存在意识。所以马克思最终指出,"不是意识决定物质生活而是生活决定意识。意识仅是人类的意识,也仅是人们实践活动、社会交往的产物"⑰。

在辩证唯物论揭示物质和意识辩证关系的基础上,马克思主义指出,实践与认识也是辩证统一的:实践决定认识,具体体现为实践决定人的来源,是认识发展的动力,是认识正确与否的检验标准,也是认识的目的和归宿;认识反作用于实践,正确的认识推动实践的发展。同理,责任教育也遵循着实践与认识的辩证关系:通过责任教育实践活动培养学生的责任认知和责任情感,提高学生在生活中践行责任的能力和自觉性;如此培养出来的责任观念又反过来指导和强化责任实践活动。这一辩证关系的存在,提醒责任教育研究者和实践者不仅要重视责任教育实践活动,也要重视责任教育的出发点和落脚点。

2.马克思主义伦理学观点的指导意义

面对"人的责任源头与履责前提分别是什么?"这一问题,马克思主义伦理学主张意志自由是人的道德责任的前提。恩格斯提出:"如果不谈谈所谓自由意志、人的责任、必然和自由的关系等问题,就不能很好地讨论道德和法的问题。"⑱拥有意志自由,是具有选择的可能性的前提,也只有在拥有意志自由的前提下做出的选择才能与责任问题产生真正的关联。这反映在道德实践中则是指个体在各种不同的甚至对立冲突的价值之间(道德两难之间)进行思考、权衡,作出抉择并采取行动的自由。没有意志自由,则没有选择自由,也就没有所谓的责任前提和义务。

强调责任意识和责任担当对自由意味着什么呢? 通常的观点认为:责任是对自由的限制。马克思主义认为,"自由是对必然的认识。"同样,道德自由也首先表现为对道德必然的认识。马克思主义认为:"人对一定问题的判断愈是自由,这个判断的内容所具有的必然性就愈大。"⑲这同样适用于道德领域。在道德领域,为了协调个人与自己、他人、社会、全人类以及生态环境的关系,定会产生各种道德要求。正确地认识这些关系,准确把握并遵循其中的客观必然性,才可能实现道德选择的自由,从而使得自由与责任不仅不冲突,反而相互依存、相互转化。从另一层意义上说，个体自主地选择了责任，表面上看起来是选择了不自由，但实际上"一个人自由选择了某种责任，就是自由地选择了不自由"[20]。自由地选择了对自己的自觉限制和自我规约，这是更高层次的自由，这是为了实现更高境界的自由。

在"责任的来源"这一问题上，马克思主义伦理学始终坚持唯物主义的观点，即坚持责任的客观性，坚持责任的必然性。责任的客观必然性不是来源于所谓的上天或上帝，而是来源于社会实践的要求，来源于人与社会在经济、政治、文化等各方面的客观联系，来源于人在这些关系中所处的地位。马克思说："作为确定的人，现实的人，你就有规定，就有使命，就有任务，至于你是否意识到这一点，那都是无所谓的。这个任务是由于你的需要及其与现存世界的联系而产生的。"[21]可见，责任与义务首先是现实的社会经济关系和活动的产物，是人之为人的必然要求与显著特征。人具有现实社会属性，是社会关系的总和，是处于具体的历史条件和社会关系中并居于一定地位的角色，因此也必须遵循相应的岗位职责和角色要求，对个体来说，这就是责任。

综上所述，马克思主义哲学为责任及责任教育的本质认识、内涵界定、实施策略等方面的探讨提供了重要的理论支撑，对责任教育研究具有重要的意义。

三、教育学中的责任教育观点

（一）中国学生发展核心素养的理论指导

受教育部基础教育二司委托，北京师范大学专家牵头成立的专门课题组研制的《中国学生发展核心素养》总体框架落地。这一框架遵循科学性、时代性和民族性基本原则，以培养"全面发展的人"为核心，分为文化基础、自主发展、社会参与等三个方面，综合表现为人文底蕴、科学精神、学会学习、健康生活、责任担当、实践创新等六大素养，又具体细化为社会责任、国家认同等十八个基本要点。

这一核心素养框架统整了个人层面、社会层面和国家层面对学生个体发展的要求,继承和发展了我国"治学修身、齐家济世"的儒家传统思想,吸收了时代对学生素养发展的要求,在制度层面实现了个人发展与社会需要、传统精神与现代意识的统一。从这一框架体系中,不难发现有很多新时期教育对个人关键品格、必备能力的要求,并且从这些要求中可以发现其对"责任"二字的特别关注。从"社会参与"的大方面,到"责任担当"的素养,再到"自我管理、社会责任、国家认同、国际理解"等基本要点,都体现了国家对责任担当的重视。这些内容对责任内涵的凝练表达,为本书的责任教育研究提供了较高的参考价值,为学校责任教育实践中内容的选择提供了重要指导。

(二)西方教育学的理论借鉴

近现代西方教育学家对教育目标、教育心理、教育方法等方面的研究为本书的责任教育研究提供了重要的启发和借鉴,鉴于相关研究内容非常丰富,这里仅列举几种以供参考。

1.布鲁姆等人的教育目标分类学观点

布鲁姆等人把教育目标分为三大领域——认知领域、情感领域和动作技能领域。这一观点的主要代表人物有布鲁姆、克拉斯沃尔、辛普森等人。布鲁姆等人在《教育目标分类学 第一分册 认知领域》中把认知领域的目标分为六个部分,即知识、领会、运用、分析、综合和评价。克拉斯沃尔等人在《教育目标分类学 第二分册 情感领域》中把情感领域目标分为接受(注意)、反应、价值评价、组织、由价值或价值复合体形成的性格化等五个部分。辛普森在《教育目标分类学 第三册 动作技能领域》中提出知觉、定势、指导下的反应、机械动作、复杂的外显反应、适应和创新七类目标。

2.皮亚杰的道德认知发展阶段理论

皮亚杰从发生认识论出发,认为儿童的认知与道德是在主客体的交互作用中发展起来的,"从道德的和理智的观点来看,儿童生下来既无所谓好,也无所谓坏,而是他自己命运的主人"。"道德发展与智力发展之间存在着一种平行状态。……逻辑是思想的道德,正像道德是行动的逻辑。"离开了儿童智慧和认识的发展,就无法说明他们道德的发展,也就无法说明道德责任的发展。因此皮亚杰对道德责任的研究侧重于儿童的道德判断和道德评价的分析。[22]皮亚杰根据儿童对规则的理解和使用,把儿童道德认知发展划分为四个有序的阶段。即前道德阶段(从刚出生到3岁的阶段)、他律道德阶段(从3岁到7岁的阶段)、自律道德阶段(从7岁到12岁的阶段)、公正阶段(从12岁之后的阶段)。在公正阶段,儿童的道德观念开始倾向于公正。皮亚杰认为,当可逆的道德观念从利他主义角度去考虑时,就产生了关于公正的观念。公正观念不是一种判断是或非的单纯的规则关系,而是一种出于关心与同情的真正的道德关系。也就是说,儿童不再刻板地按固定的规则去判断,在依据规则判断时隐含考虑到同伴的一些具体情况,从关心和同情出发去判断。皮亚杰认为公正观念是一种高级的平等关系,这种道德观念已经能够从内部对儿童的道德判断起决定性的作用。

3.杜威实用主义教育观点

杜威认为,社会上根本不存在一种绝对的道德真理,任何道德都必须服从于不断变化的社会需要。他指出,美国学校还在沿用过时的、错误的教育哲学,还没有充分认识到它们所存在的社会正在发生的惊人变化,以及这种变化在理智和道德上的价值和意义,因而也就不可能对社会变迁所提出的要求作出正确的、迅速的和有效的反应,而这正是学校教育在理智上和道德上失败的根源。[23]他强调道德教育必须反映和紧跟社会时代的变化,脱离实际的道德教育是必定无效的。

在道德教育的实施方法上,杜威强调要创造性地开展学校德育活动,重视德育知与行的结合:"学校中道德教育最重要的问题是关于知识和行为的关系。""除非从正式的课程所增长的学识足以影响性格,就是把道德的目的看做教育上统一的和最终的目的,也是无用的。如果知识的方法和题材与道德的发展没有密切的、有机的联系,就不得不求助于特定的修身课和特定的训练方式:知识没有和寻常的行为动机和人生观融为一体,而道德就变成道德说教——成为各自独立的德行的组合。"[24]杜威在道德教育领域内提出了这样的原则,即道德教育必须"以表现个性,培养个性,反对从上面的灌输;以自由活动,反对外部纪律"⑳。他强调"教育即生活""学校即社会""做中学",主张在现实生活中进行实践教育,反对将道德教育固化在教室课堂,反对死记和灌输。

4.柯尔伯格道德判断力发展阶段的观点

柯尔伯格在皮亚杰的道德发展理论基础上,提出了道德判断能力的发展有三种水平、六个阶段的理论。三种水平,即:前世俗水平、世俗水平、后世俗水平。其中每种水平又有两个阶段,共六个阶段,即:惩罚与服从的定向阶段、手段性的相对主义的定向阶段、人与人之间的定向阶段、维护权威或秩序的道德定向阶段、社会契约的定向阶段、普遍的道德原则的定向阶段。㉖

柯尔伯格提出的道德教育实践的方法主要是"道德讨论法"和"公正团体法"。道德讨论法也称新苏格拉底法,其方法主要是通过道德两难问题,引发讨论,使学生们的原有的认知发生冲突,最终促成其积极的道德思维,形成自己的道德判断,进而提升道德水平。公正团体法致力于营造一种民主、公正的气氛,它强调集体精神,力求制定一种集体行为规范。这一行为规范注重责任的共同承担,民主决策,共同商议,共同负责㉗。

布鲁姆等人的教育目标分类学观点启发我们在思考责任教育的目标和内容时可从责任认知、责任情感和责任行为等几个方面进行设计。皮亚杰的儿童道德认知发展阶段理论揭示了儿童道德发展规律,尤其是"公正阶段"的特点为中学实施责任教育提供了目标制定、内容筛选和效果评价等方面的心理学依据。杜威对道德教育的观点启发我们在实施责任教育的时候内容上要贴近社会生活,方法上要重视实践活动而不是机械灌输。柯尔伯格"三水平六阶段的道德发展理论"反映了儿童道德发展阶段性特点,尤其是"道德讨论法"和"公正团体法"对完善当下的责任教育的实施策略、提高责任教育实效有重要的借鉴意义。

第三节　总体思路

《公民道德建设实施纲要》指出："学校是进行系统道德教育的重要阵地。各级各类学校必须认真贯彻党的教育方针,全面推进素质教育,把教书与育人紧密结合起来……把道德教育渗透到学校教育的各个环节。要组织学生参加适当的生产劳动和社会实践活动,帮助他们认识社会、了解国情、增强社会责任感。"这一纲要从国家层面明确了学校在包括责任教育在内的道德教育中的地位和功能,并进行了宏观方法指导。

进入21世纪以来,责任教育的研究和实践活动蓬勃发展,众多学校基于国家要求和教育自觉扎实地推进对学生的责任教育,积累了许多宝贵的实践经验,但也存在不足之处。以笔者所在的学校为例,我校有意识、有计划地实施责任教育已近十年,取得了一些成效,但不足之处也是比较明显的,主要体现在以下几个方面:一是责任教育的理论指导和逻辑梳理不足,没有形成清晰的责任教育框架体系和操作运行程序,对责任教育的内涵、类型、原则、机理的理解还有待深入;二是责任教育目标缺乏全面性和层次性,目标与内容的匹配程度还不够高;三是责任教育内容还不够全面和完善,虽然突出了中华优秀传统文化在内容体系中的地位,但也导致了对其他教育内容板块的涉足不够;四是责任教育在实施方面还需进一步落实,实施途径还需拓宽,方法还需多样,教育的全员性、全程性、全科性等方面做得还不够,责任教育的生活性和生动性不够,尚未充分展现责任教育的实效性。

本节将基于现有的问题,以笔者所在的学校为研究样本,对中学责任教育的设计和实施进行一些探索。

一、目标定位

责任教育的目标是责任教育的出发点和归宿点,也是进行课程内容建设的指挥棒。从国家意志到学界研究,对责任教育的目标都有较多的阐释。

《义务教育课程标准(2022年版)》对责任教育做了以下规定:要求增进学校与社会的密切联系,培养学生的社会责任感。在《义务教育课程标准(2022

年版)》中,总目标要求帮助学生"增强社会责任感和社会实践能力",承担社会责任部分的总目标要求"理解自己负有的社会责任,努力做一个负责任的公民",国情部分的总目标规定"弘扬和培育民族精神,认识当代青年的社会责任";分目标在情感、态度、价值观方面要求"热爱集体,具有责任感",在能力方面要求"具有基本的道德判断和辨别是非的能力,能够负责任地做出选择"。《普通高中思想政治课程标准(2017年版2020年修订)》在情感、态度、价值观的分目标方面要求学生"增强社会责任感和民主法治观念,培养公民意识"。《中国学生发展核心素养》要求重视学生的"社会参与""责任担当"以及"自我管理、社会责任、国家认同、国际理解"等方面的素养的培养。以上文件为责任教育的实施指出了重要方向。

有研究者从责任素养构成角度,提出了"'责任教育'把培养学生的责任意识、激发学生的责任情感、提高学生的责任能力、优化学生的责任行为,作为学校德育工作的主要目标"[20]。也有观点认为,"责任教育的核心价值指向学生思维、品格、能力、素养的发展和提升,绝不仅仅是对学生的学习成绩和高考负责"[21]。在较早进行责任教育(the education for responsibilityl)的美国,就有具体的步骤引导学生明晰"你认为你哪些行为是负责的,哪些是不负责的?""你认为你应负哪些责任?""认识责任是如何改变人的整个人生的"等等。

综观以上观点,培养学生的责任认知、责任情感,提高其责任能力,最终使学生形成责任自觉并付诸行动这一责任教育目标与学生个人品格发展、社会适应能力紧密相连。责任教育行动说到底是要帮助学生解决三个"朴素"的问题,为什么要负责?负什么样的责?如何负责?

基于以上理解,我校将责任教育的目标定位为:培养学生责任素养,提高学生责任能力和责任自觉意识水平,提升学生人生价值感、社会适应能力和社会服务能力。简要地讲,责任教育最终指向学生的责任能力的培养和责任行为的养成。责任能力是责任认知能力、责任情感能力和责任行为能力的综合表现,拥有责任能力是有效完成责任行为的保证,而责任行为的践行落实则是责任教育的最终目标:知识和情感若不能转化为改造世界的实践行为,则易沦为"纸上谈兵",无多大的现实意义和价值。作为目标的责任行为具体分为责任行为的选择、执行、调整和反馈等环节,其落实践行也是有层次之分的,第一层次是指在外在要求和强制约束下落实践行,第二层次是指在自身责任情感驱使下落实践行,第三层次是指通过长期践行,不需外力驱使和内在强化就能自然落实践行责任行为,这是责任教育的最高也最难趋近的境界。

根据教育实际,我校将责任教育的目标进行了细化,并设定相应的任务,使具体的任务与细化的目标相匹配,分成了以下几个相互衔接的层次:①形成责任认知,实现"我知守责";②培养责任情感,实现"我要守责";③培养责任能力,实现"我能守责";④开展责任行动,实现"我在守责";⑤建立责任制度,实现"我必守责";⑥评价责任成果,实现"我已守责";⑦积累责任成效,实现"处处守责"。

二、体系架构(图2-1)

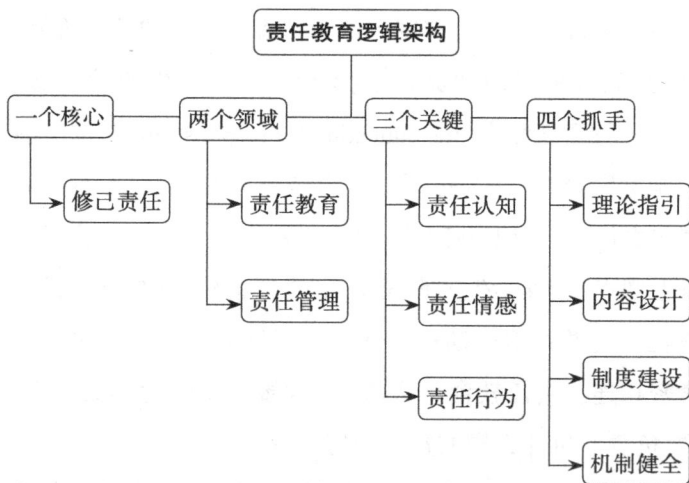

图2-1　责任教育逻辑架构示意图

(一)一个核心

一个核心是指"修己任责"。"修己"与"任责"的理念与诉求源远流长。"修己"一词出自《论语·宪问》,其中强调了"修己"对个人修为、人际关系协调以及社会发展的作用。古语中"责"的本义是"欠别人的钱财","责"通"债",如《战国策·齐策四》:"先生不羞,乃有意欲为收责于薛乎?"晁错《论贵粟疏》:"于是有卖田宅,鬻子孙,以偿责者矣。""责"既通"债",随着历史的发展,从欠债人的角度出发,"欠债还钱""父债子还"就成为必然的义务,就有了今天常用的"责任"之意。

我校以"育守责立身之人"为育人宗旨,立"修己任责,力行日新"为校训,意图通过学校系统化的教育,帮助学生"修己",使之能够"任责",做到"力行",实现自身与社会的"日新"。由此,确定了责任教育在我校的重要地位,也确定了我校德育工作的重点方向与内容。本书也将"修己任责"作为中学责任教育研究的核心和归宿。

(二)两个领域

两个领域包括指向受教育者的学生责任教育领域和指向教育者的学校责任管理领域。责任教育和责任管理是既有区别又有联系的两个领域。责任教育面向学生,旨在提升学生个人素养;责任管理指向教育工作者,旨在提高学校管理水平。责任管理为责任教育提供管理支撑和环境支持;责任教育倒逼学校加强责任管理,推动学校管理效能的提高。

本研究打破责任教育研究的常规,将重点放在学生的责任教育领域的同时又将责任教育的理念和要求覆盖至学校管理体系,力图在责任管理领域也进行一定的探索,实现责任教育与责任管理的良性互动。

(三)三个关键

责任教育的内容繁多,一线工作者常常碰到"对学生进行责任教育究竟要教育什么？究竟要促进学生哪些品质的形成？要培养学生哪些行为能力?"等问题。这些问题归结起来,就是在追问"通过责任教育要培养学生哪些责任素养?",这就涉及责任品质或责任素养的结构问题。对于这一问题,比较常见的观点是根据教育心理学的理论将责任素养结构梳理为认知、情感和行为三个维度。鉴于有学者提出把品德"看成是道德认识、道德情感和道德行为的统一体"[①]的主张,笔者认为,责任品质也应由责任认知、责任情感和责任行为三因素构成。

责任认知、责任情感、责任行为作为学生责任素养结构的核心组成部分,其形成发展路径是设计责任教育内容的关键指向,其形成发展程度是检验责任教育成效的关键指标。责任认知是对责任的意义、内涵、类型、内容等知识的理解和认识,是人的责任素养的基础部分,是产生责任情感、形成责任能力、践行责任行为的前提和基础。责任情感也称责任感,是在责任认知的基础上,通过一定的教育和学习过程,形成积极的对责任认同、支持和选择的情感倾向,表现为责任觉悟、责任态度、责任情绪等诸多心理表征,有高低强烈之别,是责任认知强化的结果,在责任素养结构中介于认知与行为之间,是激发责任行为的动力。责任行为是根据一定的责任认知在责任情感的支配下履行责任的行动,是责任认知、责任情感和责任能力的载体和外在表现,责任行为的效果是衡量责任认知水平高低、责任情感强弱和责任能力优劣的重要标准。

责任认知、责任情感、责任行为三者相互影响、相互作用,贯穿责任能力培养的全过程,统一于责任素养的体系中,成为责任素养和能力结构的关键要素。

(四)四个抓手

研究与实践都离不开一定的工具手段和平台载体,也即常说的"抓手"。笔者认为,中学责任教育的研究与实践要用好四个抓手:

第一,理论指引。责任教育的研究与实践想要清晰、有效,避免盲目性、无序性,就离不开理论的指导。要广泛学习和运用相关的心理学、教育学的知识,借鉴学界最新的研究成果用以指导研究与实践行为。同时,力争形成相关的研究课题,立足学校实际进行校本化的研究,以理论研究引领实践行动。

第二,内容设计。课程内容如同飞机跑道,跑道若不合格,再好的飞机都无法起飞。责任教育内容是否丰富、是否适切直接关系到教育的效果甚至成败。本文根据责任教育的目标要求、责任素养的核心结构以及学校的各方面实际情况,拟从责任认知教育、责任情感教育和责任行为实践三个方面设计内容,形成国家课程与校本课程、校内课程与校外课程相结合的课程体系。

第三,制度建设。责任教育要成为学校全员性、全程性、全方位的教育行动,离不开建章立制的保障。为推动责任教育有序而有力地开展,学校有必要在学校人员责任管理、责任教育课程建设、责任教育教学管理、责任教育督导评价等方面进行一系列的制度设计,并将其实施。

第四,机制健全。责任教育是一个系统工程,需要一定的机制将各个方面、各个部分有机联系起来,激发和整合各部分功能,形成相互促进、紧密结合的充满活力的运行系统。为此,要建立和完善教管协同、全员参与、内外联动、评价反馈等机制,以促使责任教育系统性推进。

三、实施原则

责任教育实施原则是根据责任教育的目标任务和特点规律,在实施责任教育行动的过程中需要遵循的规则和程序,责任教育实施原则把握得当与否直接关系到教育行为路径与方法的选择,最终影响到教育的成效。本研究认为,中学生责任教育实施应遵循以下原则:

(一)系统性原则

责任教育是一个涵盖多领域、关联多要素、贯穿全过程的系统性工程。从培养目标看,有近期、中期和长期目标之分;从培养内容看,涉及认知、情感和行为等多方面内容;从施教主体看,有专职与兼职、校内与校外等多方力量;从运行过程看,有设计、实施、评估、改进等多个环节。在实施责任教育时,需要坚持全局性、系统性的观点,协调各个方面,凝聚多方力量,形成一个责任教育的合力系统。

(二)主体性原则

责任教育是一个在学校组织下以学生为对象、由相关教师实施的教育行为,学生在责任教育中占据了重要的主体性地位。责任教育与一般的思想政治教育有共通之处,也有其特殊性,单纯依靠教师的单向投入是难以发挥应有的教育作用的。责任教育的目的是通过教育行为,让学生建立科学的责任观,激发学生的责任情感和责任自觉,最终使学生"学会负责""自觉负责"和"勇于担责"。为达成这一目的,必须充分地尊重学生的主体性、自觉性,创造各种教育机会,支持学生在责任教育的过程中自主学习、自主体验、自主管理和自我教育。

(三)阶段性原则

中学责任教育的对象是中学生,包括初中和高中共六个年级的学生,年龄区间大致为十二岁至十八岁。从年级特点来讲,存在两个起始年级(初一和高一)、两个"分化"年级(初二和高二)和两个毕业年级(初三和高三),各年级的目标、任务、重点和压力都不尽相同;从年龄角度来讲,这个阶段的学生涵盖了从未成年到成年、从未社会化到即将社会化、从三观(世界观、人生观、价值观)未形成到基本定型的人生阶段,跨度大、特点异。因此,不能采用单调重复的责任教育内容和方法,只能分阶段分层次地差异化设计和循序推进。从大原则上讲,先从基础、低起点入手,区分初中和高中两个大的学段,对两个学段起始年级的学生以获取责任认知、培养责任情感为重点,对"分化"年级的学生以培养责任情感、提高责任行为能力为重点,对毕业年级学生以提高责任自觉、树立担当负责精神为重点,进行阶段性、针对性教育,有序推进责任教育行动。

(四)体验性原则

责任教育不是以获取责任知识和理论为目的,而是以培养责任情感、激发责任自觉、养成责任习惯为教育目的。要达成这一预期,只靠教师单向传递和讲授灌输显然是难以实现的。空洞、抽象的道德责任说教是低效的方式,要更多地通过创设教育情境、走进生活现场等方式,让学生置身于责任教育的模拟或真实场景,去认识责任冲突、体验责任情感、反思自我差距,在亲身体验和动手实践过程中树立正确的责任观点、培养责任情感和激发责任自觉。

(五)渗透性原则

责任教育是一项涉及人的较高层次素养和品质培养的教育,具有鲜明的导向性和较高的复杂程度。责任教育既需要通过显性课程,旗帜鲜明地弘扬、宣传和向学生传递责任理念,也需要利用隐性课程,使责任情感润物细无声般地渗透进学生的内心。在培养较高层次素养时,高调的、直接的教育手段有时会引起教育对象的反感和抵触,若借鉴欧美国家开展公民教育和爱国主义教育的做法,在保证隐蔽性的同时无处不在、无时不有地渗透式开展责任教育,则可能会取得较好的效果。因此,要将责任教育渗透到学校的校园文化建设之中,渗透到看似非责任教育的众多活动之中,渗透到教学管理、后勤管理之中,渗透到家庭、社区之中。

第四节　路径思考

一、责任教育逻辑

(一)责任教育内在逻辑

责任教育的完整系统,既包括责任知识的学习,也包括责任情感的熏陶;既有责任意志的锤炼,也有责任行为的落实;既有一般学科教学的共性,也有自身的特殊要求和行动逻辑。若无视这一系统的内在逻辑,责任教育定会流于形式、陷于空泛而终于无效。那么,责任教育在实践操作过程中应遵循什么样的逻辑线索和路径呢?

如前所述,责任认知是基础,责任认知教育是责任教育的起点,经过学生的理解、认同,责任认识进入学生原有的认知结构,内化为学生较稳定的意识和感受,可以为培养责任情感打下基础。在此基础上,通过一系列教育活动培养学生对责任的积极态度、心理和意志,形成稳定的难以逆转的责任情感。责任情感会外化于行动,即驱动和刺激学生做出相应的责任行为。责任行为的实践,又会使学生对责任产生新的感悟,从而提高学生责任认知水平和责任情感强度。随着责任认知水平和责任情感强度的提高,学生的责任自觉又进一步得到强化,继而更加自然地实践责任行为。如此相互作用,实现责任教育波浪式前进、螺旋式上升。通过这整个过程,锻炼了学生的责任能力,培养了学生的责任素养,实现了责任教育的目标追求。这就是责任教育实践过程中的教育逻辑,这一逻辑揭示了学生责任能力和素养形成的一般过程,应该成为责任教育内容构建和施教过程的指导方向。

(二)责任教育有效性发生与检验机理

美国波士顿的犹太人屠杀纪念碑上刻着新教牧师马丁·尼莫拉的一首短诗:"起初他们追杀共产主义者,我没有说话——因为我不是共产主义者;接着他们追杀犹太人,我没有说话——因为我不是犹太人;后来他们追杀工会成员,我没有说话——因为我不是工会成员;此后他们追杀天主教徒,我没有说话,因为我是新教教徒;最后他们奔我而来,却再也没有人站出来为我说话了。"这首短诗深刻地揭示了责任自觉的重要性和责任行为选择的复杂性,也在一定程度上启发我们认识责任教育与一般教育的区别。

学校责任教育不是以知识传授、技能培养为目标的教育,也不是仅靠博闻强记、讲授灌输就能完成的教育,更不是以升学为目标、以就业为终点的教育。责任教育是指向人的内心情感的教育,是关于人的意志自由、自我唤醒的教育,是要求受教育者自我担当、主动践行的教育。要完成这样的教育,靠传统的教法和路径很难行得通。学校责任教育的功效,与学生被灌输的知识、理论的多少不存在正相关关系,而与学生被激发、被打动的程度直接相关,与学生愿意从心理情感上接受规范,并内化这种导向的程度直接相关。要建立这种相关性,关键在于激发学生的责任认同,契合学生自身的责任需要。责任认同的基础是对责任知识和责任环境的积极、正面和深刻的理解和认同;责任需要的基础是对自我价值、自我与社会的关系等因素的深刻理解和感悟。正如有学者指出,责任需要对人的责任认识、责任感、责任信念、责任行为具有原动力作用,因此,学校责任教育首先应当激活学生的责任需要,也即对学生充分阐明为什么要负责任。①

从上述的分析还可看出,责任教育表面上看是在进行规范与约束,但事实上要想达到预期目的,不仅不能过分强化规范与约束,反而要尊重学生个体价值、尊重学生意志选择自由。"自由、自主是责任产生的基础和根本前提,没有自由则没有责任,自由的度和责任的量有密切关系……剥夺孩子自由决定和自由创造的权利,也就取消了人们担负责任的内在根据。"②自由与责任辩证统一,相辅相成,自由是责任的基础和目的,责任是对自由的体现与保障。自由使拥有和选择它的人负有责任,"你们是自由的,因此是负有责任的"③。

小结上述,使受教育者拥有自由和尊重,是受教育者产生责任认同、具备责任担当的内在前提,也是责任教育取得成效的内在机理和要求。因此,尊重学生心理、激发责任需求、支持学生自主、强调学生自觉就成为责任教育行为的必然选择。

二、责任教育内容

责任教育内容,也即责任教育课程的建设与落实,是责任教育系统的主体,是实施责任教育的基础,直接决定着责任教育的质量甚至成败。根据不同的观点和标准,责任教育内容的内涵与外延会有所不同,这也是当下处处都在强调责任教育,但处处都有所不同的原因。

蔡元培先生在《中学修身教科书》中详细列举和论述了个人的各种具体责任行为规范,如:①修己方面,强身、清洁、勤勉、敬师、感恩、修知等。②家族方面,子女对父母孝敬、顺、爱、报德,父母慈爱、养育子女而不及溺,兄弟姊妹互通消息、以长抑短等。③社会方面,珍惜保护生命,不借故伤杀、滥杀。蓄财、不盗窃,非亲友间贷出可以适当获利,借贷者应守信还贷并心存感激,交易论质标价;爱护名誉,不谗诬毁谤;博爱、赞助公益,量力捐财、办实事,不依赖恩惠,不损公物;注重礼仪,大度谦让、遵从习俗;注意国际交往礼节,尊重他人思想、信仰自由;在公共场所的言行须注意他人感受等。④国家责任方面,敬官吏,纳税,服兵役,知外交,守法遵权。⑤职业责任方面,官吏应有智识、通法律、勤业精学,有为、有操守等;医生应爱业,精通专业知识,守秘密、敢冒险,对病人情感恳切等;教员要富有知识、懂教法、会管理、行师德等;商贾应正直不欺、守信用等。蔡元培先生的观点虽具有一定的历史局限性,但在责任教育内容的层次划分、以岗位角色定责任等做法方面仍具有一定的借鉴意义,为后来的研究提供了有价值的参考。

20世纪90年代,有研究者提出了基于中学生年龄特点并结合时代要求的各类责任教育内容。如:认识自己价值、发挥潜能,创造家庭和谐气氛,尊重他人人格、宗教信仰和风俗习惯,有事大家商量,积极参与学校、班级、社团、社区的各项集体活动,行使好自己的各项权利,忠于宪法,尊敬国旗、国歌、国徽,参与国际合作和交流,尊重和欣赏别国文化,确立人和大自然互相依存、谁也不主宰谁的观念,明智利用能源,等等。[③]这些有价值的观点也为本研究提供了重要的借鉴。

借鉴教育学的目标分类法、道德教育有关观点、中华优秀传统文化中的责任观点、马克思主义哲学关于责任伦理的有关观点和许多学校的成功经验,紧扣《中国学生发展核心素养》有关责任素养的要求,本书将基于以下两个角度来构建责任教育内容体系:一是责任素养构成角度,结合中学生的认知水平和能力水平,围绕中学生责任知识教育、中学生责任情感培养和中学生责任行为实践三个层面进行内容建设。二是责任对象层级角度,主要分为人与己、人与人、人与物三大维度进行内容的挖掘和梳理。

在这两个内容设计的角度中,笔者拟以责任对象层级角度为主线,从中学实际出发,将责任知识教育、情感培养和外化实践融入和贯穿于每一个责任对象层级之中,广泛借鉴古今中外的责任教育内容,重点吸纳中华优秀传统文化中的责任教育营养,重点融入现代文明社会中旨在促进个体与社会健康发展的由法定义务、岗位角色决定的责任内涵,形成一个层次较分明、内容有交叉的立体式内容网络体系。由于课程内容建设是一个集众人之力、积全程之功才能趋于完成的庞大工程,非笔者一己之力所能完成,因此,拟从框架的角度谈谈责任教育内容的点点滴滴。

(一)人与己的层面

这一领域主要包括责任"元认知"的内容,即自我认知的内容,自我价值的认同,自我负责的情感和自我行为的养成。这一领域的主要目标和任务即实现学生的"对自己负责"。

重点内容包括:

1.责任"元认知":简要而系统地介绍责任的内涵、外延、类型、决定因素及重要意义等基础知识,让学生对"责任"有一个较全面的总体性认识。

2.自我认知的内容:对自身身体、生命、生活的认知,对生存意义、生命价值的体验与感悟。帮助学生认清自我,建立科学的自我认识观念,这对个人发展十分重要,对有效实施责任教育也很重要。当下的教育对象,在中国教育史上可以说是独一无二的,他们是一个在相对集中时间出生、在"六个长辈"的呵护下成长起来的子女群体,自我中心观念不可避免地普遍存在于他们心中,好像他人天然应该为"我"付出。因此本部分内容致力于教会学生认清自我,摆正自我,懂得"负责与付出是人生存发展的必然要求"。同时,结合生涯教育的内容,帮助学生认清自己的兴趣、爱好和特长,找准自身的优势与劣势、外部的机遇与挑战,明确家长、老师和学校对自己发展的期望,从对自身发展负责的角度树立个人发展目标,并拟定自身的学习生涯发展计划等。

3. 自我负责的行为要求:通过体验与活动等方式,让学生明确认识并逐步学会对自己的身心健康、生命安全、品德发展、学习生活等负责,不断形成自觉锻炼、自我修炼、自主学习、自理生活等行为习惯。例如,在每一个新学期,要求学生从自身需要改进和强化的地方来确定目标,认清"我的优势"、剖析"我的不足"、确立"我的座右铭"、定准"个人总目标"、认同"家长希望"、理解"老师心愿"等等。

(二)人与人的层面

"人与人"是一个统称,涵盖了诸多基本而重要的关系,按通常的划分方法,可分为个人与家庭、个人与集体、个人与区域(社区或地区)、个人与国家、个人与人类(世界)等几个主要方面。

1.家庭责任角度

重点关注以下几项责任教育内容:

(1)对个人与家庭关系的认知:包括家庭的构成、家庭的重要性、家庭成员的权利与义务、古今中外家庭美德等知识。

(2)对家庭责任的情感培养:通过传统经典学习和榜样示范等方式,向学生传递中华优秀传统文化中的"家""孝""恩"等文化精髓,展现古今中外家庭美德的榜样事迹,合理引导并算出父母、亲人为学生付出的"亲情账"等,以此感染和教育学生。

(3)对家庭责任的行为践行:对学生提出承担家务劳动、了解经济压力、参与家庭事务等各种行为要求,并通过亲子互动、角色扮演、家校合作等方式促使学生在家庭中自觉践行责任行为。

2.集体责任角度

这一层面的"集体"是指狭隘意义上的集体,即学生生活中最常面对的集体组织,主要有班集体和校集体,因此,可分为学生对班级的责任和对学校的责任,这两个责任联系紧密,具有内在一致性,在集体责任教育内容建设方面重点抓好以下两点:

(1)对集体责任的认知:包括人际关系处理的要求、准则,个人与集体的关系,班级和学校中的规则、纪律、义务等知识。从思想上培养学生集体主义精神,使之能正确把握并处理个人和集体的关系。通过强调集体对个人发展的重要性,算出教师、学校为促进学生发展而付出的两笔"账",讲好一本校史,给学生"压上"一份学校对他们沉甸甸的期待,让学生自觉以主人翁的身份参与集体活动,逐步建立学生对集体的归属感和责任感。

(2)对集体责任的行为践行:通过制度制订、平台搭建、机会供给等方式,支持和鼓励学生本着对班级和学校负责的精神和态度在校园内广泛而深度地参与责任管理行动,推动自主服务、自主学习、自主管理、自主监督的形成,让集体责任精神在个人学习、班级管理、校务管理、活动管理等各方面得以展现。

3.社区责任角度

学生面对的社区主要有两个,一是生长生活的社区,二是学校学习的社区,这两个社区都与学生健康成长密切相关,是让学生认识和了解社会、学会处理社会人际关系最直接的资源,也是培养学生对社会、国家产生责任感的基础环境。在社区层面开展责任教育在国外也是常见做法,比如美国将这一层面的教育称为服务学习(Service-Learning),"美国1993年的服务行动这样定义服务学习:服务学习指的是一种方法,通过学校和社区的合作,将提供给社区的服务与课程联系起来,学生参与到有组织的服务行动中以满足社会需求并培养社会责任感,同时在其中学习以获得知识和技能,提高与同伴和其他社会成员合作分析、评价及解决问题的能力"⑧。这一教育方法的采用较好地推动了美国的道德责任教育。根据我们实际情况,社区责任教育内容主要分为以下两个层次:

(1)对社区责任的认知:介绍社区的来龙去脉及其为居民提供的服务,让学生理解社区对自身生活和发展的重要性,让学生懂得社区人文环境建设的内容和要求,尤其是"社区建设靠大家"的道理等。

（2）对社区责任的行为践行：社区责任的建立和落实是双向的，因此学校与社区之间、家庭与社区之间要建立协调、互动的活动机制，既让社区的关怀进入家庭和学校，也让学生通过志愿服务活动改善社区环境，实现双向良性互动。

4.地区责任角度

地区主要指高于社区范畴但对个体生命成长、健康发展、学习生活能产生直接且重要的影响的区域。随着责任层次和范围的提升，对学生的责任要求也在加重，地区责任教育则是培养学生更高层次的国家、民族责任感的重要基础。

（1）对地区责任的认知：系统、鲜活地介绍地区发展的历史和文化（如巴南区历史人文、重庆文化精神），介绍地区发展取得的各方面成就，介绍地区发展与人民生活的关系，算出地区为学校和学生所付出的"家乡账"，激发学生爱乡、护乡、建乡的情感和意志。

（2）对地区责任的行为践行：在学校与地区统一协调的基础上，鼓励和支持学生走进地区的生产、文化、科研、商贸等第一线进行参观访问和学习体验，引导学生积极参加学校和地区组织的各种志愿服务活动等。

5.国家责任角度

国家是个人成长和生活的最重要的宏观区域，是一个族群和民族最重要的生存空间。国家为每一个个体提供生存摇篮，也需要每一个个体负起自己的责任。国家层面的责任主要体现为法律意义上的公民责任和政治意义上的政治责任，并与民族责任相关联。

（1）对国家责任的认知：重点让学生认知国家的含义，个人与国家的关系，公民的责任与义务的一般知识，国家辉煌灿烂的历史文化概览，国家当前、过去取得的发展成就，国家发展的理念、价值和目标任务，国家和民族的统一、团结和凝聚力的重要性，国家和民族发展所面临的困难和危机，国家对公民的要求与期待等。着重培养学生对国家、对中华民族、对中华优秀文化的认同感、荣誉感、归属感，在此基础上奠定学生对国家民族坚定而厚重的使命感和责任感。

(2)对国家责任的行为践行:一般而言,个体从行动上担负起对国家和民族的责任主要是从成年以后结束学习生活踏上工作岗位开始,这是一个长期的过程。但在中学阶段,可做一些模拟性、前期性和尝试性的活动。主要通过开展与权利义务、爱国爱民有关的一系列主题教育,倡导学生力所能及地响应国家号召,"从我做起、从身边做起、从现在做起"。

6.人类(世界)责任角度

这一层面是个体对自身存在的人类"类"属性的认识和升华,是对自己国家民族与人类世界关系的认识、理解以及由此产生的行为选择,对个人、国家和世界无疑都是重要的。

(1)对人类责任的认知:根据中学生的认知实际,介绍必要的个体与人类、个人与世界、国家与世界的关系,使学生了解人类文明发展的概况,认识地球在宇宙中的独特性及其对人类的重要性,认识人类发展所面临的共同问题和危机,认识国家和平合作、人类团结的重要性。逐步培养学生形成科学的全球观、广阔的国际视野,使其对国际竞争、国际合作、共同发展、和谐共处等概念有一个正确的理解。

(2)对人类责任的行为践行:人类责任的行为践行涉及不同国家、不同种族、不同民族,这种实践是在国家引导下进行的一个长期的、渐进的过程。就学校而言,可在国家有关政策指导下开展一些课堂模拟教育,如"模拟联合国""守护地球共同家园"等。

(三)人与物(自然)的层面

这一层面的责任是指作为人类一员的个人对"非人类"的科学态度和行为,即人对自然的责任,主要是指个体在面对自身所处的自然资源环境时应有的责任素养。这一层面也称作人与自然的层面,关系到人类自身的可持续发展,关系到人类的兴衰成败,是每一个个体和每一个国家都应高度重视的范畴。

(1)对人与自然的责任的认知:使学生认知自然环境构成,理解生物多样性、自然资源重要性,了解自然环境破坏和自然资源浪费现状,算出人类的"资源环境账",意识到生态破坏和资源枯竭的严重后果等。培养和激发学生保护环境、节约资源的责任情感。

（2）对人与自然的责任的行为践行：学校要立足所处的环境和地区特点，精心设计和周密安排一系列环境保护主题教育活动，在安全前提下有序组织学生走出校园开展一系列环境保护宣传活动及志愿活动。

上述内容即为中学责任教育的主要内容框架。需要说明的是，在划分上述责任教育内容层面时，划分的标准和界限是相对的，之所以要适当区分，只是相对便于思路理清和易于操作而已。而在实践中，对学生的各层级的责任认知和责任行为的教育往往是相互交叉、相互支持的，将各层级的责任教育机械地分开操作是不科学的。

三、责任教育途径

责任教育内容体系构建完成以后，下一步则是课程内容的实施。课程的具体实施离不开途径和方法，实施方法将在下一部分进行论述，本部分主要探究课程实施的途径也即责任教育的途径。

在教育实践中，教育者须对内容丰富、层次复杂的课程内容进行梳理，并将之外显化、形式化、载体化，分为国家性必修课程、校本性限定选修课程等。对于中学而言，在实施方面，课程内容的可操作性、实效性将是首要考虑因素。具体而言，学校责任教育途径可分为以下六种，简称为责任教育的"六进"。

（一）责任教育进国家必修课程

责任教育在初中"思想品德课"和高中"思想政治课"两门国家必修课程中有一定的内容体现，学校可组织政治学科组老师针对这部分内容进行思考加工，根据学生实际对内容进行拓宽补充和分层深化，灵活运用案例教学、游戏教学、情境教学、信息化教学等模式，为学生营造责任教育氛围，使其在真实情境中深刻感知责任教育内容，使教材中国家责任教育的目的和意志能更好地传递给学生，引导学生树立正确的责任观。

（二）责任教育进学校学科课程

埃利亚斯指出："道德教育是一个需要多学科共同研究的领域，仅仅通过一门学科来探讨这一领域既是有限的、也是危险的。"[®]学校责任教育不仅仅是政治教师的任务,也不仅仅是班主任和部分德育干部的事情,而是一件需要全员参与,需要全体学科教师一起努力的事情。学校应要求各学科教师用好课堂教学的主渠道,契合学生成长规律,种好思政课和其他学科的"责任田",形成各学科的协同育人效应。

具体可从两个方面入手:第一,从学科教学法角度培养学生学会自主学习,学会对自己的学习负责。由学校统一倡导"学生自主学习、对学习负责"的教学文化并出台相应的指导性意见,各学科教师在课堂上根据学科特点和学科内容要求灵活开展教学活动,引导并支持学生进行主动学习、自主学习,实现学科课堂"责任式学习",培养学生形成克服学科学习挫折困难、担负起学科学习各种后果的意志和能力。第二,充分挖掘学科中的责任教育内容资源,选择恰当的方式进行渗透教育。要求各学科教师在开学第一课中,集中给学生讲授本学科中蕴含的责任教育内容,阐明该学科对个人发展、专业建设、社会进步的价值和责任。同时,在学科教学的过程中,结合当期内容进行及时的、隐性的渗透教育,实现全过程的常态化、学科化责任教育。

(三)责任教育进校本学术课程

将学校个性化特色教育内容编印成册纳入校本课程是学校的通常做法,校本课程一般分为以知识为载体的学术课程和以实践性和体验性为特征的活动课程两大类。责任教育进校本学术课程,就是将责任教育内容中主要涉及责任认知和责任情感教育的板块中的知识性、理论性、阐释性的内容进行归类、整理和充实,按照年级特点分层次、分阶段进行一定的内容和难度的取舍后纳入校本学术课程文本。校本学术课程(或教学案)编好以后,按学校教学管理部门的统一要求,在学校的第二课堂即选修课程中进行教学。

(四)责任教育进校本活动课程

联合国教科文组织指出,"大量地参与社会活动,以尽自己最大的责任,这不仅保证了集体的效用,而且也是谋求个人幸福,掌握日常管理社会与控制事物的权力,走向自己决定自己命运之道的先决条件"[®]。教育家柯尔伯格说:

"道德产生于个体的社会实践活动,产生于主客体的相互作用。"⑧以上观点分别指出了社会活动对个人成长的重要意义和活动课程在道德教育中的重要价值。实践中,责任教育进校本活动课程可分为校内和校外两大部分进行。

1.校内活动课程

从学生的认知能力和学校的实际情况出发,围绕责任担当这一核心素养中的"社会责任""国家认同""国际理解"三个基本要点,积极构建适应中学生认知的责任担当系列化校本活动课程。可从以下几点着手实施。

(1)以班级为单位,围绕学校责任教育的总体安排,将学校责任教育活动主题与班级实际相结合,由班主任在充分把握本班整体学习水平、精神状态、思想动态和存在的问题困难等情况的基础上,积极开发适合班级实际的责任担当素养课程内容,利用每周一次的班会课开展各种形式的责任教育活动,满足学生个性化需要,促进学生责任担当素养发展。

(2)以年级为单位,在学校的统筹安排下,年级管理小组根据年级所处的阶段及相应的目标任务,抓住初高中起始年级、"分化"年级、毕业年级的各自特殊性,有计划、分阶段地设计和组织责任教育主题活动,在校本化的培养过程中让责任担当素养教育呈现出循序渐进的特点,让学生更好地树立起鲜明的责任意识。

(3)以学校为单位,根据学校实际情况、自身发展使命愿景和学校责任教育总体目标任务,组织德育部门、教学部门、团委学生会等共同进行全域性、集中性、阶段性的责任教育主题活动。如"寻找对×××的责任"活动,"热爱×××"活动(热爱班级、学校、社区、社会、国家、民族、地球、自然等活动),"感恩×××"活动(感恩父母、师长、同学、学校、社会等活动),"养成×××习惯"的活动(养成谦虚、友善、互助、守纪、自立等习惯的活动),举行"×××仪式或典礼"(举行升旗仪式、入团仪式、开学典礼、毕业典礼、校庆典礼等)。从国家责任、社会责任、学校责任、教师责任、学生责任等角度出发,用责任文化熏陶学生,使其对祖国和民族的文化产生认同,对党和国家的责任形成清晰的认知,树立责任意识,形成家国情怀。

2.校外活动课程

在有关政策支持和严格安全组织管理的基础上,学校可从以下几个方面开展校外责任教育活动课程。

(1)以家庭为载体,通过家校合作,制订联合育人制度,将责任活动课程拓展到家庭中。可通过定期举办座谈会、家长会或校园开放日等活动的方式,由学校向家长讲解家庭教育对学生责任意识形成的重要性,在家校之间建立起多途径沟通渠道。按照家庭层面的责任教育内容要求,在家校充分沟通配合的前提下,学校布置形式多样的"责任教育家庭活动作业",如"我当一天父母""我组织一次家庭会议""在父母单位工作一天"等,让家长支持、配合和监督学生认真完成,并将完成成果收录进学生个人综合素质档案系统。此外,可将家长请进校园,举行家长主讲的"家长责任大讲堂",积极为孩子树立身边责任榜样,循序渐进地让孩子形成责任意识。还可组织一些关于责任教育的亲子活动,通过家校联动的方式,展开育人合作,逐渐拓宽责任教育范围,丰富责任教育课程的内容和形式。

(2)以社区为载体,根据学校责任教育特点,因地制宜开发社区责任服务课程体系。课程体系包括"志愿服务活动类",即自我服务、校园服务、文明宣传、关爱他人、绿色环保等;"社区问题探究类",即针对社区的公共设施、社区的家庭情况、社区文化建设等问题进行探究。还可组织各种"进社区"活动,如"爱老敬老活动进社区""净环境除四害进社区"等,让学生在了解社区、服务社区的过程中形成服务社会的奉献精神。

(3)以校外单位为载体,由学校、社区和校外单位共同开发课程资源,构筑"基地实践体验类"活动课程,不断拓展活动课程内容,增强学生的社会责任感。服务地区层面的责任教育,需要对接到有代表性的单位和组织,否则很难有效开展。学校可根据责任教育的需要和校地沟通、校校沟通的结果,有计划地组织学生到区域内的高校、科研机构、企业、博物馆、科技馆、纪念馆、国防教育基地、实践拓展训练基地等开展参观、学习、体验、实践等活动,如"家门口的烈士墓""我是小交警""走进博物馆"等。所有的活动按照"接收—督导—反思"的组织形式开展,活动在正式开始前,校外基地单位"导师"接收学生并开展培训;活动中,基地"导师"督导学生规范课程实施环节;校外活动课程项目完成后,学生撰写相关记录,并对过程进行反思。

(4)以区域自然环境为载体,采用区域就近的原则,开展"保护母亲河""针对区域自然资源浪费破坏和环境污染的调查及提出整治方案""生物多样性、动植物生存危机等方面的考察研究"等活动。

(五)责任教育进学校两级管理

让学生充分地参与班级管理,力所能及地参与学校管理,是锻炼责任能力、践行责任行为最重要、最直接的方式,但在不少学校里,这一关键方式却因种种原因和顾虑而未能得到充分运用。有学者指出,"自由、自主乃是责任产生的基础和根本前提,没有自由则没有责任,自由的度和责任的量有密切关系……剥夺了学生自由决定和自由创造的权利,因而,也就取消了人负责任的内在根据"[①]。要充分尊重学生的主体地位、发挥学生的自主能力,在学校范围内充分提供各种机会和平台让学生自我管理、自我教育、自我负责。主要通过以下两级平台进行。

1.班级管理平台

班主任应大胆转变管理观念,同时按照学校支持和鼓励学生参与责任管理的总体要求,将班级管理权交还给学生,使学生参与到班级管理工作中,培养学生的主人翁意识、集体荣誉感和责任担当意识,使班级自主管理工作有效、顺利开展。班主任需要将责任管理制度和目标作为主要依据,多听取学生的意见,共同拟定班级管理条文。同时,班主任应以动态跟踪方式监督班级管理制度的实施情况,根据实际管理效果以及学生的执行情况调整相关制度。通过不断完善相应的班级自主管理制度,创造各种条件、开辟各种渠道,如班干部轮流制、值日班长、我当一天班主任、责任学习小组建设、责任学科小组建设、责任寝室建设(与宿管办相协调)等,争取让每一位学生,而不只是班干部,都有机会参加到班级的建设发展活动中来,都有自己的角色,都能为班级的发展和自己的进步负起相应的责任,让班级处处有责任、事事有人做、人人有事做。学校可在新生年级开展班级文化评比活动,鼓励学生参与班级文化构建,营造良好的班级文化氛围,形成各个班级独具特色的班级文化,调动起学生参与自主管理的热情和活力,增强学生对班级的使命感和责任感。

2.校务管理平台

在学生力所能及的与学习生活直接相关的学校管理领域提供机会,鼓励学生参与管理、担负一定角色,既激发了学生的主人翁意识、培养了学生的责任行为能力,又对学校管理工作的改进大有裨益。学校要建立健全学生自主管理、自我发展的相关制度,如学生自主管理与评价制度、学生参与学校发展议事规程等,完善团委、学生会中的学生自主管理、责任管理相关功能,成立学生发展自我服务中心、勤工俭学示范岗、学生参与校务评价工作委员会、年级自治会等。在此基础上,学校可让学生在专业人士指导下力所能及地参与学校大型庆典、宣传、教育、体育等主题活动的组织、策划、执行,参与学校的公共区域的安全管理、清洁管理,参与学校的食堂管理、寝室管理、运动场馆管理,参加学校发展的讨论沙龙和建言献策活动,等等。学校可依托“业余团校”这个载体,充分体现“自主招生”“自我管理”特点,放手让有一定经验的优秀学生团员和少先队员在校团委统筹指导下,独立自主地、有计划地展开招生、教学、考评等一系列工作,增强其责任使命感。同时让教工团支部成员也积极投入其中,一方面认真参与和协助各团支部、各少先队中队的各类团日、队日活动,为学生社团活动献计出力,另一方面成为幕后指导与隐性推动的中坚力量。建立党、团、队“一体化”宣传教育阵地,建立跨部门、跨年级的新老长幼携手、资源共享互补的工作机制。创办“校园倾听我声广播”“校内橱窗”“墨韵校刊”“班级黑板报”“校团委公众号”“校园网”等宣传教育网点,搭建宣传教育立体化网络,在确保学校正确舆论导向的同时也锻炼了一大批中学生宣传骨干的责任意识。由校团委建立“学生干部学校”,每学期、每学年就工作职责、方法、标准等进行学生会、团总支干部培训,每周进行换届干部的培训,以提高学生的自主管理服务能力,再由学生干部向所在班级和小组进行辐射延伸,最终达到全员参与的效果。通过集体参与模式,培养学生自主管理责任意识。

在学生参与责任管理实践过程中,还要有意识地培养学生的责任担当意识。责任担当不仅是要负起责任,还要为应负未负、应负失责的行为承担相应的后果,所以应在学校的责任教育实践中适度引入失责惩戒机制、学生公益服务制度,让学生承担与自己的失责行为相对应的公益服务。

(六)责任教育进师生反思评价

将责任教育纳入师生反思评价体系,一是因为责任教育是对学生的内心世界和个人思想进行的教育,涉及学生主观世界的改造,学生可以通过反思及时有效地了解自身的责任认知和责任情感的情况;二是因为责任教育的开展需要学校和老师进行阶段性的总结和评价,以便鼓励先进、总结经验、调整优化。具体可分以下两方面进行:

1.责任教育过程中的反思方面

(1)教育反思:学科教师的教育反思集中在责任教学内容、方法等要素的改进方面,活动课教师的教育反思集中在责任活动设计、组织等环节的改进方面,教育管理者的反思集中在责任教育规划、人员组织、运行效率等部分的改进方面。原则上以学期为周期进行反思。

(2)学习反思:学生的学习反思是一种重要而常用的自我教育方式,学校方面也可通过一定的形式和要求,如开展有关责任教育的征文比赛、心得体会分享活动等,定期要求学生写下参与责任教育的心路历程、自我鉴定等,帮助学生进行自我反思,使其将责任教育的内容内化为个人情感。

2.责任教育过程中的评价方面

(1)管理评价:借助一定的评价制度和评价量表,教育管理者对教师的责任教育过程行为和实施效果进行评价,教师对学生在责任教育过程中的参与态度、行为表现进行评价,并将学生的重要表现纳入学生综合素质评价系统。学校对在责任教育中表现突出的学生和教师进行表彰奖励,如评选"责任教育先进个人""责任班级""责任寝室""责任年级""×××方面守责之星"等。

(2)反馈评价:在学校的组织下由学生对学校责任教育的内容、组织进行评价,对授课教师和活动组织者的能力和态度进行评价,收集学生反馈意见,作为学校对教师责任教育行为评价的补充和改进学校责任教育的意见参考。

(3)学生自评:学生是教育的主体,既是评价的对象又是评价的主体。在自我评价过程中,学生将逐步学会对照教育目标进行自我规划、自我考查、自我剖析、自我完善。

四、责任教育方法

责任教育内容既包括指向认知的责任知识教育,也包括指向心理的责任情感教育以及指向行动的责任行为教育。因此,教育者除了运用一般教育都会使用的讲授法之外,还要运用讨论辨析、榜样示范、角色扮演、自我教育、实践体验等方法进行责任教育。

(一)讨论辨析法

由教师提供(也可向学生征集)责任问题典型案例,如"范跑跑事件""温州动车事故""山西矿难事故""三聚氰胺毒奶粉事件"等,与学生共同探讨其中的责任类型、责任认定、责任倒查、责任承担等问题。目的是通过对责任问题案例的起因、过程、后果的讨论分析,让学生认识到责任知识、情感和行为的重要性,了解担负责任的过程和方法,提升学生对责任的判断能力和选择能力。

(二)榜样示范法

榜样具有强大的感召力和吸引力,是进行正面教育的最生动、最形象的"教科书"。榜样示范法符合学生的模仿、从众等心理特点,易于被学生所接受。在责任教育过程中,我们要发挥榜样教育示范性、激励性和生动性的优势,通过鲜活的榜样和真实的先进事迹来传递抽象的道理,激起学生思想上的认同和情感上的共鸣,进而使学生产生崇拜、向往的心理。通过对榜样先进事迹的学习和分析,使学生感受榜样带来的积极负责的精神,学习榜样在典型事件中担负责任时展现出的意志、能力和行为。在选取榜样时,要注意选取接近学生的,贴近时代的,具有代表性的,具有真实性的,且最好能够现身说法的榜样。

在实际生活中,学生的学习对象主要有以下四类。

1. 家长

家长是学生天然的学习对象,但不一定所有的家长都是理想的学习榜样。为了孩子的健康发展,家长至少要在孩子面前展现称职和负责的一面。

2. 教师

教师是学生进入学校后自然的学习对象,而教师肩负国家和社会赋予的教育责任。"其身正,不令而行,其身不正,虽令不从""学高为师,身正为范"等思想,就是对每一位教师都应成为榜样示范的最好注脚。有学者指出,"对学生来说,教师是具体的践行责任的楷模,教师的言行,都会成为责任教育的显性或隐性课程。在教育中,教师的人格是全部教育的基础,只有人格才能影响人格,只有人格才能形成性格。人格的力量是无穷的,是主动、具体、形象、富有感染力的教育资源,教育者以身作则,注重言教与身教相结合,才能收到良好的教育效果"[⑪]。可见,教师高尚的人格修养、规范的语言仪表、负责的教育行为都是重要的责任教育课程资源。

3.同辈

学校同学作为学生成长的同伴,是学生最没有代沟也最易效仿的学习对象。学校要有意识地评选先进学生,树立先进榜样,使之成为规范大多数学生言行、引导学校学习氛围、营造担负责任风气的坐标与方向。

4.先进人物

如21世纪初中国"抗击非典"的先进医务工作者的先进事迹。再如2005年度"感动中国"人物——湖南怀化学院大学生洪战辉,在接受中央电视台访谈时说,在他高二时,父亲生了重病,一贫如洗的家就像走进了绝路。洪战辉那时曾想过自杀,在他准备实施自杀行动时,他又多想了一个问题:"我死了以后,爸爸谁来管,年幼的抱养的妹妹谁来照顾呢?"由此他意识到了自己的责任,意识到了人活着是有责任的,"我的生命并不仅仅属于我自己!"从中也可看出,建立自我生命价值感、做到对自己负责是负起其他责任的前提和基础,与其他责任也具有内在一致性。

(三)角色扮演法

角色扮演法是指让学生扮演各种由教师提供的模拟现有社会岗位的责任角色,在扮演过程中使学生了解不同角色应有的责任能力和责任行为,学习责任知识,体会责任情感,从而达到责任教育中责任行为训练目的的一种方法。这一方法可在感受家庭责任、学会班级自主管理、参与学校管理等活动中广泛运用,是增进学生责任理解、培养学生责任情感、提升学生责任行为能力的较为高效和直接的方法,具有重要的教育实践价值。

(四)自我教育法

自我教育法是指学生在接受责任教育过程中不断自我感知、自我陶冶、自我规范、自我鼓励、自我反思、自我总结的一种内省方法,是实现学生责任情感内化、自我提升的重要方法。是"学生既是教育对象,也是教育主体"的重要体现。通过运用这一方法,使学生逐渐将责任教育内化并强化,形成稳定的责任内在素养结构,从而逐步实现由外在强制履责到内在自主负责再到形成自然责任习惯的过程。这一方法要求学生在学校的引导下常态化地写下自己在责任教育过程中的学习感悟、学习反思,并阶段性地提出和落实自我调整、提高的计划,同时积极地参与各种自主管理、自我教育的活动。

(五)实践体验法

实践体验法是指通过开展各种校内外的实践体验活动,让学生在活动中学习和体会责任的激发、选择、启动、执行和评价等过程的一种方法,其目的是使学生认识各种责任的知识和意义,体验践行责任行为的途径和方法,锻炼践行责任行为的意志和能力。这一方法可与角色扮演法、自我教育法等交叉结合使用。

附 责任教育系统示意图(图2-2):

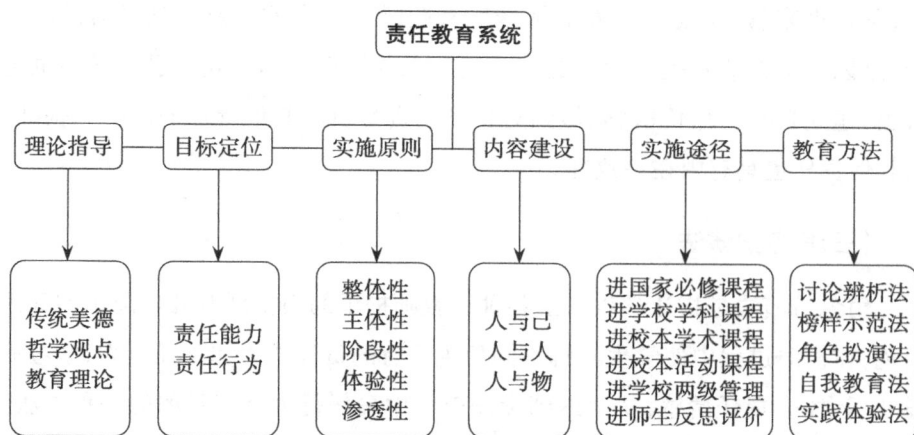

图2-2 责任教育系统

第三章　中学责任管理的理论思考

学校管理是一个比较复杂的系统工程,规模较大的中学尤其如此。学校内部有数量庞大的教职员工、学生需要服务到位,还有各种内设机构需要管好理顺,学校外部有各种利益相关者需要协调,内外叠加后学校还需要面对较大的发展压力和激烈的校际竞争。随着管理科学不断发展,企业管理经验模式不断丰富,学校的管理办法和模式也呈现出多元化的趋势,出现了经验管理、制度管理、目标管理、文化管理等管理形态。在日益强调"责任"、重视学生责任教育的当下,学校管理虽然时常提及和强调责任与追责,但更多的是将责任分配当作一种管理手段,少有将责任作为管理的核心理念和模式来加以建构的情况。本书在文献学习、经验借鉴和责任教育研究的基础上,提出中学责任管理这一命题。本章将对中学责任管理的相关问题进行一定的探讨。

第一节　责任管理义务来源

如前所述,中学责任管理是指学校在相关教育政策和行政要求的指导下,为增强学校管理效能、提高学校育人质量,以岗位或角色的责任驱动为基本手段来组织、协调和管理学校教育工作者(包括学校管理者和一线教职工)的一种方法。开展学校责任管理研究和实践的义务主要源于以下几个层面。

一、国家层面的要求

《中国教育改革和发展纲要》明确规定:"中等及中等以下各类学校实行校长负责制。"校长负责制是指学校工作由校长统一领导和全面负责、党支部(或总支)作为核心和监督保证、教代会民主参与管理的学校内部的根本组织制度。当前关于校长负责制的概念有两种观点。以华中师范大学萧宗六教授为代表持有的"单一性概念"观点认为,学校工作由校长统一领导和全面负责。

以曲阜师范大学李保强教授和华东师范大学范国睿教授为代表持有的"结构性概念"观点认为,校长负责制的要素包括:校长全面负责;党组织的政治作用;教代会的民主参与管理;校务委员会的咨询审议作用。对校长负责制概念的理解虽有不同,但无争议的是,校长负责制为学校实施责任管理提供了政策依据,赋予了校长管理中等及中等以下学校的权利和义务。

作为第一责任人,校长本身的时间、精力、专长有限,必须将责任进行横向分解和纵向传导,在履行自身应尽职责的同时也须按照国家推行校长负责制的目的和要求,切实领导学校全体教职工和各部门认真担负起自身的教育管理责任,大力支持学校党组织、行政部门、教代会、工会、学术委员会等组织发挥应有的功能、履行相应的责任。

二、学校发展的要求

(一)学校使命角色决定

人在成年步入社会之前,会接受各种各样的教育,有家庭的,有社区的,有机构的,有学校的,等等。在所有教育机构和组织中,只有学校最具有专业性、系统性。向来就有"教书育人是学校和教师的天职"的说法,各个国家建立学校的同时就赋予了学校"教育主阵地"的使命和义务。因此,学校的责任尤其重大,其内部的责任管理也就成为必需。

时代的进步和国家的发展离不开一代又一代负责任的公民,而负责任的公民的培养离不开负责任的教育工作者,负责任的教育工作者要想拥有良好的教育环境,就离不开学校内部责任管理的扎实推行。有负责任的学校,才有负责任的教师;有负责任的教师,才培养得出负责任的学生。"教育行为直接面对的是未成熟的个体,当教师或教育机构发动一项教育行为时,已经为这个行为所涉及的受教育对象的现实状况承担责任。同时由于受教育对象之未成熟,具有无限开展的可能性,教育者的一举一动也应该为这个无限开展的可能性负责……教育工作者在采取任何行动之前,应该慎重考虑其对受教者可能产生的深远影响而特别谨慎戒惧"[①]。

(二)学校德育工作需要

我校将责任教育作为学校德育工作的重点内容来抓,致力于发挥其在我校特有的教育功能,形成我校特有的教育名片,成为我校的办学特色。

责任教育的实施需要学校相关教育工作者开展指向学生的责任教育系列课程和活动,但如果只要求学生具有责任情感、践行责任行为,教师和管理者却敷衍塞责,或是学校一面倡导责任教育,一面推卸管理责任,都不可能达到理想的实施效果。因此,责任教育不是学生的独角戏,必须要有负责任的教师和管理者,要有良好的学校责任管理模式。学校责任管理将有力地支撑学生的责任教育,并与责任教育一道构成学校责任教育完整体系,成为责任教育特色办学的重要组成部分。

力争通过责任教育和责任管理的学校建设特色,在我校——重庆市巴南中学校——铭下"责任"二字深深的烙印,把责任意识融入学校生存与发展的方方面面。

(三)学校管理效能需要

责任管理在提高学校管理效能方面发挥了重要作用。

1.厘清各部门职责和权限,提高部门工作效能

学校管理工作中的常见难点有管理层级较多,部门职责分工不明确,部门权限模糊且有交叉,工作任务目标、标准和时限不够清晰等。这些难点不处理,会严重降低学校管理效能,影响学校的教育质量。通过实施责任管理,科学定责、有序组织,形成统一指挥、相互配合、各司其职、各安其位、各担其责、各负其果的管理局面。这样一来,可以减少管理者与被管理者之间、部门与部门之间的相互推诿与内耗,有效提高学校管理效能。

2.培养教职工责任情感,提高教育教学效果

责任管理的系统推进,一方面,发挥了责任管理的导向、规范和督促功能,获得了明确目标、落实责任、压实担子的效果,明确了教职工的教育责任范围,增强了教职工的教育责任感,提高了教职工的履责能力,给予了教育工作者饱满的热情。另一方面,通过适度传导管理压力,对教职工的行为进行必要的约

束和控制,使部分教职工自觉改变不负责任的态度和行为,全身心投入到管理、教学、服务中去,使教师将"教书育人"内化为自身需求,将职业的责任升华为教育的情怀,自觉主动地落实教育责任行为。

(四)中学组织特点决定

教育领域具有与其他领域不同的特征。大多数公办学校虽是国家举办、财政供养的事业单位,但与其他事业单位性质的组织机构有所不同。学校既是一级事业单位组织机构,又是实施教育教学、教育科研的专业性学术性教育组织,是高学历文化人才聚集之地。因此,在学校内部必然存在行政管理与学术管理两种形态,一定程度上并存着行政和学术双重权威。与国家机关相比,其行政管理的方式和行政权威的力度都有所不同,领导者难以只依靠行政命令、指令计划等手段进行组织管理。如果行政和学术两种管理方式能相互尊重、相互支持、紧密配合,则有益无害,利于学校工作的开展。但在教育管理实践中,往往存在两者信息沟通不畅、互不理解的情况,存在配合困难的问题,甚至出现行政管理简单粗暴、学术力量不服行政安排的相互干扰、互不尊重的情况。

责任管理实施后,只要是学校组织中的一员,无论身份、资历和地位如何,都有相应的义务和应尽的责任,若不尽职尽责,将面临组织整改甚至被组织淘汰的命运。无论是行政领导还是学术权威,都是学校责任链条上的重要一环;无论是管理者还是被管理者,都是学校责任系统中的一个要素。学校的各个岗位、各个角色都有明确的责任目标、任务、时限和考核办法,大家都为学校的总体目标和各个具体分目标而努力。如此,教职工各司其职、各尽其责,在这一过程中增进理解、强化合作,共同推动学校各项工作的进展。

三、社会各界的期待

学校是担负教书育人、培养国家民族接班人责任的主要阵地,受到国家重视、家长牵挂、各界关注,是一个不容试错、犯错的地方。教育工作者尤其是公立学校的教育管理者,肩上的责任尤其重大,承受的压力实在不轻。社会各界强烈要求学校认真担负起育人的责任义务,学校实施责任管理也是对这一期望的积极回应和主动担当。学校通过实施责任管理,进一步明晰学校的教育管理责任,既不包揽也不推卸教育责任;进一步明确学校在社会大教育体系中的角色和地位,厘清学校教育责任的边界,依法办学、依法治校;合理传导社会对学校的期望和压力,让学校中的每一位教育工作者都能从自己的岗位和角色找到工作的定位和责任,都能通过自身的努力回应社会的期待和实现自身的价值。

第二节　责任管理总体思路

一、责任管理目标

责任教育的目标是培养具有家国情怀、敢于担当责任的人。在这一目标的引领下,指向教育工作者的责任管理模式应运而生。学校责任管理因时代发展、教育需要而来,为勇担教育责任、兑现教育誓言而去。"为人师者,少一分抱怨,多一分实干;少一分浮躁,多一分宁静;少一分粗糙,多一分精细"[2]。这是作为一名教育工作者对责任情怀最好的诠释。

责任管理有三个具体目的。一是策略性目的,把教职工的履行职责表现跟学校的任务安排做充分的结合,使教职工个人目标与学校整体目标具有内在的一致性,使教职工乐于支持学校责任教育的开展,从而促进学校发展目标和育人目标的实现。二是管理性目的,通过并利用责任管理的指挥棒作用和杠杆原理,有效实施管理决策,有效实现决策意图。三是发展性目的,支持、协助责任能力强、履职效果好的教职工持续发展,发掘与培养人才,同时协助、督促表现不理想的或不达标的教职工改善责任态度与行为。

概括来讲,学校责任管理旨在通过革新传统管理模式,唤醒教育者的责任情怀,建设负责任的学校,塑造有使命担当的教育人,创造权责匹配、机制顺畅、人人有责、人人尽责的教育环境,带来学校的蓬勃发展。

二、责任管理理念

实施责任管理,常常会被人理解为自上而下地下达任务、明确责任、强制执行、责任认定和责任倒查,这固然是传统意义上责任管理的题中之义,但是强调责任就是强调理性和刚性吗？若如此，责任管理还能被管理对象所欢迎并乐意参与吗？责任管理倡导者追求的管理愿景还能实现吗？

真正的责任是双向赋予的，一方面来自责任主体之外的传递，另一方面则来自责任主体的自觉。只使用单一来自外部的责任强加（下达命令、布置任务）并不是真正意义上的责任管理，也难以取得良好的管理效果。

真正的责任管理所秉承的理念是：管理者与被管理者都是责任人，共同倡导事业心所驱动的担当精神，没有谁是游离于责任管理范畴之外的，也没有谁是单一的命令者、执行者或评判者；责任管理是理性传导的，也是柔性互动的，注重管理者与被管理者双向交流，注重两者的全过程参与，在目标制订、责任划分、履职指导与监督、评估等环节，重视双边的互动与交流；责任管理是公平公正的，要在明确责任、评判责任、责任奖惩等环节做到人际关系更平等、规则更科学、过程更透明、结果更公平。

基于上述理解，结合学校实际确定的我校责任管理核心理念为：以学生为中心，以教师为本，持续修己任责，做到力行日新。

三、责任管理原则

（一）目标导向原则

任何组织的运行及发展都在一定的组织目标导向之下进行，学校责任管理尤其要服从组织目标的要求，具有鲜明的目标导向特征。责任管理过程中，学校的整体责任，以及各岗位、各人员的具体责任，都围绕学校年度目标或中长期目标展开；责任目标的提出，责任任务的确定，责任的履行、评价及责任结果的运用等事项，也需要按目标导向来开展。具体操作时，在协调共商的基础上，因岗设人，以岗定责，确定各部门、各成员的工作目标、相应的职责及责任承担方式，使组织主体（各部门、各成员）对组织发展及自身责任有相应的认识。通过这一机制，让组织中的每一个成员更加明确自身在组织中的角色和定位，激励和督促组织成员积极为组织发展贡献力量，使成员和组织更加紧密地联系在一起，形成命运共同体。由此，组织得到了发展，组织成员也实现了自身的价值。

(二)系统生态原则

责任管理不是一个线性的过程,而是一个在组织系统中的多层次、多向度的复杂管理过程。责任管理贯穿组织运行全过程,涉及组织内部各个构成要素和全体成员之间关系的安排,也涉及组织外部关系的协调。只有坚持系统生态的原则,才能促进系统生态和谐。系统生态原则有以下两个特性。

第一,系统性。学校是一个复杂的系统,学校管理是一项复杂的系统工程。在实施责任管理的过程中,责任管理的内容要根据学校系统性的特点,从宏观到微观,从抽象到具体,由学校层层分解设定。设定时还须注意内容之间的相互关联,使其在纵向上有从属也有递进,在横向上有分隔也有关联,既互不干扰又相互衔接、相互支撑。在责任管理的落实过程中,责任管理主体要在协调各部门、上下级之间的关系上狠下功夫,尊重各部门特点和诉求,强化各要素、各环节及家校社(家庭、学校和社会)三方之间的有机联系,使三方各负其责、相互配合、相互搭台、相互补位。要充分发挥各部分、各要素的功能,实现"部分之和大于整体"的系统效应,创造一个各要素各环节协调方便、配合高效的完整的系统。

第二,生态性。责任管理将学校组织系统视为一个生态系统,既强调各成员的责任担当,也重视各要素之间的和谐共生,高度重视成员之间、部门之间、内外之间的关系协调、智慧共享、信息互通与共同发展。没有作为"英雄"或"主宰"的单个成员,所有成员的积极性都需要被调动起来,所有成员也都能通过一定的机制和途径参与学校的决策与管理之中;没有万能的学校部门,一项教育教学决策的执行,需要责任部门和牵头部门尽职尽责,也需要其他部门的配合与支持;没有"关起门来办教育"的学校,政府的指导、支持和保障很重要,同时也需要家长、社区和社会各界的关心和支持。

(三)授权自主原则

责任管理的实质是将学校的管理与发展责任进行分解和授权,是学校管理权的共享。管理者适当下放权力,通过授权给成员并给他们提供在其专长领域承担主导角色责任的机会,以充分利用学校内部的各种人才,来实现学校的目标。责任管理中的授权自主原则主要指学校通过制订和实施一定的规则和程序,支持和鼓励教职工参与决策过程,让其充分发表意见和建议,在互动、分享、民主的基础上,形成协调各方诉求、凝聚集体智慧的相对科学的方案,从而使学校管理者的领导行为得到成员们的支持,也使做出的决策更符合全体成员的期望和学校的长远发展。同时,学校要破除命令式与控制式的官僚主义的作风,尊重各成员在自身岗位上的发言权和专业自主权,给予教职工在各自责任岗位上进行决策的空间,充分激发教职工的工作积极性,让各部门和教职工在服从大局的前提下实现自我领导、自我管理。在具体实践中,该原则可通过组建教代会、评职晋级学术委员会、年级工作民意代表会、学生监督评价委员会、重大决策听证会等组织,以及创设调查研究机制、教代会主席团议事机制、学生自我管理机制、重大事项公示制度等机制制度来体现。

(四)权责统一原则

传统学校管理的层级过多,各层级间的权限与责任不清晰、界限也模糊,上层决策下达和下层信息反馈速度慢,使得各层级人员容易相互推卸责任,出现"有了责任事故就互相指责""有了成绩又相互争功"等不良现象,导致工作效率低下,管理质量不高。

为解决这些问题,第一,权责要清晰。责任管理要做到权责清晰,明确各岗位、各主体的目标、责任与权限,规范履行责任的环节程序和评估标准等。第二,权责要匹配。想要解决原有的机构设置存在的权力与责任不明晰、不匹配这一问题,同时改变部分岗位和人员权力过分集中或责任压力过重的局面,就要在多方调研、意见征求和协商的基础上,科学分配领导责任、德育责任、教改责任、科研责任等,并赋予责任人员相应的自主权、管理权,充分发挥其工作的积极性和创造性,使各部门、各岗位有责也有权。第三,权责要规范。无论组织或个人想健康地发展都离不开一定的规则、规范的引导和制约,实施责任管理,必须强调权与责的统一、自主性与规范性的统一、灵活性与原则性的统一。

(五)评价反馈原则

评价反馈旨在及时评估责任管理系统及各要素的运行状态,并据此进行自我调控与自我完善,是促进系统发展进步的重要机制。评价反馈机制的运用是一个比较复杂的过程,涉及多方面对象、多层次关系,主要包括学校与教职工之间的双向评价反馈、教育者与学生之间的双向评价反馈、学校内部与外部之间的双向评价反馈等。还涉及一系列评价量表的制订、反馈交流活动的安排、各种意见的收集整理分析等事项。责任管理离不开对责任履行过程和效果的评价。评价本身不是目的,目的是通过评价,将责任管理过程中发现的问题和需要改进的地方及时反馈给组织,让组织对学校整体和各部门、各成员的履职情况有正确的掌握,以便对各部门、各成员进行相应的奖励或纠正,从而更好地完善责任管理系统,推动组织的发展。

第三节　责任管理实践思考

在明确了责任管理的愿景、理念和原则后,就进入对责任管理实践运行的探索和思考了。在这一部分中,围绕"增强教育者责任实践能力、提高学校责任管理水平"这一主题,跟随"强化责任认知、培养责任情感、提高责任能力、重在责任践行"这一逻辑线索,本文将重点探讨责任管理实践中的目标设立、任务确立、管理执行等问题,努力探索责任管理从启动到实施、从过程到结果、从结果到反馈、从反馈到再启动的过程梗概和实践要求,集中研究责任管理实践的宏观架构与微观生态,形成相对完整的学校责任管理实践思考。

一、宏观层面

从总体上来讲,学校责任管理对教育者的要求可归纳为这样一句话:做负责任的教育,办负责任的学校,当负责任的主体(相关领导、全体教师和家长、社区等)。从宏观上讲:学校要对国家和社会赋予的教育使命负责,对自身发展规划和发展过程负责,对教职工的师德修养建设、教育教学行为和专业成长负责,最终对学生的在校教育管理负责,等等;教师要对国家教育事业赋予的教师个体使命负责,对学校发展的特定任务负责,对所教学生的发展负责,对自身专业发展负责,等等;家长要对自己孩子发展和家校合育要求负责,等等;社区要对学校的周边环境建设和校社联合相关要求负责,等等;政府要对学校发展的资源保障负责,对学校教育管理的指导监督负责,对学校教育效果的评估反馈要求负责,等等。

由此可见,学校责任管理是一个有着多主体、多任务的复杂系统,其系统内部各要素相互影响、相互作用,共同影响着学校责任管理体系的形成。

(一)责任管理中的系统观

1.系统论——学校系统

从系统论的观点来看学校系统,可以发现诸多系统问题来自系统结构不清晰以及系统组成部分的互动关系不恰当。要想学校系统正常运行,至少要把握好三个内部子系统:

第一,动力系统。学校动力系统也可称为系统的"增强环路",作为学校发展的力量来源和驱动部分,其主要功能是通过愿景激励、目标牵引、力量凝聚等方式,唤醒组织机能、激发成员动力,形成并增强学校运行势能,持续强化学校全体教职工自我规划、自我激励、自我管理与自我完善的意识和能力。与之相匹配的是正向激励与促进机制。

第二,执行系统(运行系统)。学校执行系统是学校组织运行系统的主要子系统,是在动力系统的支持下,按照一定的程序和步骤将学校的目标和任务层层分解并落实,遵循一定的职责边界和配合原则将学校各部门、各年级、各成员有机联系在一起的系统。其主要功能是使学校的目标任务与部门人员以及相应的设施设备在系统中被有效管理和组织,通过指引运行方向、规划运行线路、安排时间空间,使各要素有序链接和耦合,实现学校系统有序运行,达成学校组织目标。

第三,调控系统(制约系统)。学校调控系统也可称为"调节环路",主要发挥监督、反馈和调整的逆向调控功能。一个系统要想良性运转,不能处于长时期持续增强、无限扩展的状态,也不能处于长时期持续减弱、无限自抑的状态,而应根据系统的运行状态、内外部因素相互作用的结果和各种资源配置使用的情况变化,发挥调控系统的监督、约束、调控功能,使系统各要素处于相对制衡、良性互动的状态,从而维持系统的健康与稳定发展。

2. 系统论——责任管理

从系统论的观点来看责任管理,可以从三个层面进行分析。

第一个层面,责任管理是学校管理系统的重点。在学校管理这一系统中,存在多种管理模式和手段的并存与使用,从重要性和可行性方面进行思考,抓好了责任管理,就抓住了学校管理的"牛鼻子"。

第二个层面,责任管理在学校管理子系统中发挥重要功能。在学校管理这一系统中,如前所述,有动力系统、运行系统和调控系统等三个重要的子系统,根据责任管理的内涵与要求,责任管理可分别在学校管理的三个子系统中发挥重要功能。通过教职工责任认知和情感的培养,激发其工作责任感与积极性,内在构成动力系统;通过责任目标确立、任务分解、层层落实等环节,内在构成运行系统;通过责任效果评估、责任偏失追究、责任结果反馈等环节,内在构成调控系统。学校管理实践过程中,要充分挖掘和运用责任管理中的动力要素、执行要素和调控要素,从而发挥责任管理在学校管理系统中的启动驱动、运转执行和调控控制的功能。

第三个层面,责任管理系统内部同样存在子系统。在学校责任管理这一系统内部,也客观地存在着动力系统、运行系统和调控系统等三个子系统,其中运行系统是重心,动力系统和调控系统可被视为系统运行发展的杠杆。在学校责任管理的过程中,通过规划设计、宣传动员、培养教育、制度建设、机制创新等组织行为,有序推进责任管理。从宏观上设计和布局责任管理系统内部的动力系统、运行系统和调控系统等三个关键子系统,从人员分配、任务确定、制度机制等方面进行建设,让责任管理的运行子系统真正成为责任管理的重心和主体,动力和调控子系统成为支撑运行子系统这一重心的驱动杠杆和调控杠杆。

(二)责任管理的机制建设

机制是指系统的各要素或整体的各部分之间的内在结构关系和运行方式。管理机制是指管理系统的系统与要素之间、各要素之间的结构关系及其运行机理,是系统运行效能高低的决定性因素。责任管理系统的良性运行需要依靠内部机制的建立和健全。因此,责任管理系统需要着力建立和完善以下机制。

1.动力机制

学校责任管理的动力机制建设重点主要在于以下两个方面:

(1)责任情感的激发。责任情感的激发是一种由内而外的动力机制,可以使人发自内心对责任认同和拥护,从而形成持续、稳定的责任意志和行为。只有实现了责任情感的充分激发,才有可能使责任管理系统处于强劲驱动和良性运转之中。就比如中国正在推行的垃圾分类政策一样,这个政策的整体导向没有问题,民众十有八九都会表示支持,但这不等于这一政策一定会执行顺畅,而一个政策的良好执行,关键在于每一个公民对这一政策中个体责任的真实认知、觉醒和坚持。在具体执行过程中要想达到预期的效果,关键还在于是否让每个人都切实感受到垃圾分类的紧迫性,是否让人认识到了这项举措与自身的利益息息相关,是否让公民都从自身角度认识到了这就是必须从自己做起的事情,同时也是自己不可推卸的责任,而不在于外界是否看到、是否对自己的不配合进行惩戒等等。

同理,要做到责任情感的激发,在学校责任管理中,管理者就要通过多种沟通途径和合理方式,让学校教职工对学校使命和责任有明晰的了解,对自身工作岗位的责任知识和责任价值有充分的认识,有计划有步骤地培养教职工对学校发展和工作岗位的责任情感和履责能力,这样才能激发教职工对学校使命和自身责任的认同拥护和自觉坚守。同时,还要做好文化的宣传工作,扩大责任文化影响力,例如开辟"责任承诺实践长廊""责任文化墙"等栏目,加强对"责任·实践"典型人物的先进事迹的宣传力度,及时分享师生对"责任·实践"教育的体会和感受,让师生随时随地都接受"责任·实践"特色教育的熏陶,并在报刊、网络等媒体上进行诠释和推广。

(2)参与决策制。《教育——财富蕴藏其中》一书指出"进一步吸收教师参与有关教育的各种决策。……同样,学校的行政管理、监察和教师评价系统从吸收教师参与决策过程中只能获得好处"⑧。责任管理不是少数几个管理者就能完成的事情,从管理的责任目标确定、责任任务分解、责任计划落实等方面,都离不开教职工的参与。通过搭建多样化的决策参与平台,如开辟列席校长办公会、学校决策调研咨询会、学校重大决策听证会、学校教代会、专题项目论证研讨会等渠道,广泛吸收教职工的智慧,广泛听取一线教师的意见和建议,尊重教师的观点,跟教师建立信任和相互支持的关系。这样既可以使责任管理的决策更加科学,降低决策失误的风险,又通过充分发扬民主精神增强教师对学校决策的理解和支持,有力地激发教职工的主人翁责任感,提高其工作积极性和履责的自觉性,成为推动学校责任管理顺利实施的重要动力。

2.运行机制

责任管理运行机制是指为了促进责任管理顺利实施,在责任管理执行过程中需要形成各要素之间的结构关系和各环节之间应遵循的逻辑程序,具体可从以下具体制度和机制着手进行。

(1)目标责任制。管理学专家德鲁克于1954年在《管理的实践》一书中提出目标管理理论,其核心内容是把组织的目的、任务转化为目标,并使组织中各个部门和个人的目标与组织目标融为一体,形成组织、部门、个人的方向一致、具体明确、切实可行的目标体系,在整个管理过程中,始终坚持以目标为起点和归宿。20世纪80年代,我国一些学校管理者开始运用目标管理思想来指导管理实践,自其诞生之日起,便以其面向未来的特点促进了管理的发展和创新;以其管理的系统性,增强了员工的整体观念,保证了整体目标的实现;以其对成果的重视,克服了"干好干坏、干多干少都一样"的大锅饭管理作风,克服了"做表面文章"的虚假风气;以其强调所有成员的参与意识,而成为具有激励效应的激动人心的管理。[48]从学校发展到个人工作都需要目标的指引和贯彻,而责任目标确立需要在遵循政策要求的前提下进行科学的制订。自上而下的指令式目标忽视了个体意愿,只会让教职工被动接受,难以自觉遵从;自下而上的自发式目标虽尊重了个体,但容易使目标离散而难以形成组织凝聚力并可能偏离整体目标。只有既尊重个体实际又反映整体意志的目标才是可行的,也才可能发挥其激发个体、推动整体的作用。

在前述责任管理的原则指导下,学校可重点采用上下结合、多向互动的方式,通过上下级之间、部门之间、教职工内部组织之间的充分协商与讨论,取得共识,形成包括学校层面的宏观目标、部门和年级层面的中观目标以及个人层面的微观目标在内的完整目标体系。目标的确定要做到既有上级组织和学校整体使命的体现,又有每一个个体的发展愿望的注入。这种双向构建的目标体系既能体现组织意图和整体责任,又能细化融入每一个成员的目标,有利于学校各部门和教职工全面了解、正确理解各自的职责和权利,在民主协商、群策群力的基础上提高各目标的公信力和接受度,进而发挥责任目标的导向激励作用。在目标的具体制订过程中,主要采用双向建构的方式,围绕各种责任的定位、预期和要求,尽可能少模糊、少笼统,做到责任目标的明确具体从而可供执行和考察;必须把中长期责任目标与当期目标相结合,局部责任目标与整体责任目标相结合,做到各层次目标以及各周期目标的相互协调与均衡。

(2)岗位责任制。"责任和义务是关于人的社会角色使命的一种规定,是与关于人的社会角色的理想相一致的。"[⑥]责任的提出及赋予与岗位直接相关,与岗位所承担的角色高度一致。岗位责任制这一机制以工作岗位为出发点,根据岗位的工作定位、工作内容和特点要求匹配相应的责任知识、目标任务、责任要求等。这是在学校责任管理中最常见的责任赋予和履行的方式。学校在管理过程中出现的诸多问题往往都与岗位责任直接相关。比如某学校学生食堂在一次接受上级检查的过程中,发现了一个被老鼠咬过的西红柿,这就是一个责任事故,如何弄清问题、查清责任?依据岗位责任制就可相对简单地加以解决。按照岗位责任要求,食堂待加工食材有验货、搬运、储存与防范等几个责任环节,相关责任人的履职情况都与之息息相关,查清其中一个环节即可找出具体责任,若无法找出确凿证据,则所有相关责任人要承担共同责任,整个食堂负责人承担领导责任。

用好岗位责任制,抓好岗位背后责任价值、责任内容和责任要求,才能将学校责任管理的宏观体系真正细化和落实下来,使责任管理真正成为可落地、可操作的管理模式。同时,岗位责任制将每一位成员都置身于责任管理体系中,使其成为学校责任管理的一员,以此形成事事有人负责,人人都是责任人的局面,从而提高责任管理的效能。

（3）项目负责制。项目负责制是指在面对复杂性、综合性的任务时,将任务视为项目进行规范化管理和责任化落实的管理方式,在操作过程中,根据任务的主要权属和特点要求确定项目的责任部门、协作部门和监督部门,确定牵头人、第一责任人（根据情况可与牵头人合一）、协作责任人和监督责任人,共同商定任务项目化后的目标任务分解、项目标准制定、时间阶段划分、步骤程序选择、协作机制沟通、检查验收要求等等重要环节,尽量规避在完成复杂任务过程中常常出现的相互推诿、争执不下、无人担责的弊病,以促进复杂任务的顺利推进。

学校工作主要是以各种岗位为载体加以展开,但同时也有不少阶段性的重要工作需要完成,这种工作往往不在某一特定岗位的常态化职责范围内,也往往不是某一个部门或岗位所能独立完成的,在这种情况下,实施项目负责制就是较好的解决方案。比如,为适应中国新高考改革,各高中学校就会有许多以往各部门所没有的重要任务,既有紧迫性又有综合性,如高中生生涯发展规划指导,学生综合素质评价等,既是研究性课题,更是实践性项目,涉及教学部门、德育部门、教科部门等。遇此情况,要想很好地完成任务,就必须采用项目负责制。

3.调控机制

调控机制是确保调控系统中各要素相互配合以发挥其对系统中的动力子系统和运行子系统的监督、调节、控制功能的方法和手段。学校责任管理中的调控机制可具体表现为调控主体对学校各方面责任管理状态及责任效能结果进行调研、评估、激励、问责、矫正等行为方式。

学校责任管理调控机制的实施主体可分为校内和校外两类,相应的学校调控机制也可分为内部调控机制和外部调控机制。校内调控机制比较常见的是学校管理者与被管理者的双向调控方式,既有学校管理者对各部门和一线教职工的调控,也有教职工对学校管理者和学校宏观管理提出的意见、建议,进而实现自下而上的评价调节。校外调控系统属于学校发展外部生态的范畴,不在此赘述。

4.系统保障

为了支持学校责任管理系统的良性运转并取得预期管理效果,需要有相应的系统支撑和保障。首先,需要有学校责任管理系统的思想建设,以统一认识、凝聚力量,使全体教职工认同、支持和投入学校的责任管理。其次,需要有学校责任管理系统的组织建设,因事设岗、因岗用人,科学调配学校最为宝贵的人力资源,使全体教职工各有其位、各安其位、各负其位,做到不缺位、不越位、不错位,以提高组织效能。再次,需要学校责任管理系统的制度建设,以依法治校、规范运行,将责任管理系统的规划设计、运行要求、规则程序、方法机制等用制度的形式进行建设,使之有章可循、稳定发展。

二、微观层面

宏观层面的责任管理体系提供了责任管理的整体框架,明确了责任管理的运行机制和发展路径,为微观层面的责任管理提供了总体性思路和方法论指导,而微观层面的责任管理则重在完善责任管理流程,细化责任管理实践,关键在于落实和易于操作,形成学校责任管理的完整闭环。

(一)议责

责任不能从天而降,不能自上而下强加赋予,需要在学校内部针对责任这一主题词进行广泛的"议",议后才懂责,议后才明责,议后才守责,议后才履责。要着力推动学校责任文化的建设,为学校责任管理的实施注入强劲的动力。

1.议而激责

"议而激责"是指在责任管理实践的启动阶段,学校管理者围绕责任教育的重要性、必要性这一主题,找准教职工个人的情感、利益、愿望、需要与学校责任管理的组织意图、整体利益的结合点,通过充分的宣传、教育、关怀行动,塑造学校责任文化,将责任与学校的办学思想深度融合,在学校的教育核心价值观、办学理念和学校风气中进行充分地体现。通过充分的"议",让全体教职工真正认识到学校的教育使命和自身肩上的教育责任,充分认识到学校推行责任管理的重要价值和现实意义,充分认识到个体责任行为对学校发展和学生进步的重要意义,激发全体教职工的责任意识、责任情感,提高教职工参与学校责任管理、履行自己责任的积极性和自觉性。

"议而激责"的关键在于由"议责"实现"激责",通过设计和实施序列化的教育引导、舆论宣传和文化建设活动,做到内容生动、形式灵活、情真意切而深入人心,让校园呈现"互相关爱、自我发展、主动担当"的文化氛围,让全体教育工作者主动接受并习惯于过一种负责任的教育生活,自觉将对教育发展和学生进步的责任作为自己工作的天职。通过责任意识的强化和责任行为习惯的养成,让教职工的职业生涯过得更加安全、更加从容、更有意义。

2.议而明责

当组织成员的责任情感被激发起来后,就会进一步追问和探索"我的责任是什么""我应怎样担负起责任"等重要问题。"议而明责"是指通过校内充分的宣传教育、共同研讨等活动,实现对责任的"明",明确学校教育、学校管理和具体教育教学的责任知识、责任内容、考核标准以及失责后果等,明确责任履行的要求、方法和程序,以便让每一位教职工把握自己岗位责任的目标任务和实施要求,为更好地担负起责任打下坚实的基础。

对责任的"议"是一个建设责任文化的系统工程,既要坚持学校责任文化内容的整体性、全面性,做到以责任的精神文化为核心、责任制度文化为保证、责任物质文化为条件、责任行为文化为支撑;也要注重文化建设形式的灵活性、平台载体的多样性,学校、家庭、社会都是学校文化建设的重要资源和平台;还要强调各个文化建设主体的广泛参与和积极投入,包括学校管理者(行政成员、年级组长、教研组长、备课组长、班主任等)、任课教师、员工、学生、家长等。

(二)定责

责任感被激发起来以后,就需要"明责",要真正明责就需要正确"定责"。如同小商家守"摊位",要经营自己的"摊位",要想清楚自己的摊位是什么种类,有些什么商品,在什么地方、什么时间段摆放等等,都必须明确。从定位上来讲,管理中的责任既是目标也是任务,既是过程也是结果。"定责"总的要求是民主探讨、科学论证,摒弃指令性和分配式。具体来讲可从以下思路去商定责任。

1.目标导向

目标是责任的导向,定责需要遵循目标的指引,具体目标决定某一责任的方向定位、重要程度和内容框架。在责任目标的导向下,要努力使责任内容与目标具备一致性、精确性,同时又具有一定的挑战性、可及性和可量性。

2.岗位导向

岗位因学校教育需要而设立,因此岗位的职业要求是责任最重要最直接的来源。根据各种岗位的性质和特点,包含有学校教育质量责任、德育责任、教学责任、后勤责任等各种管理责任。

因岗位是组织赋予责任的最主要载体,岗位导向自然就成为最重要的导向。根据学校教育实际,现将学校主要岗位的责任内容建议如下:

(1)以部门组织为载体的集体岗位责任。以岗位责任为核心而进行的一系列责任确立工作,主要目的是界定清楚学校党委会、校长办公会、教代会、工会、学术委员会、校办公室、德育处、教学处、教科处、信息处、总务处、年级组、学科组、备课组等的集体岗位责任,理清各组织岗位的责任和权限。这里边有几个需要格外重视的问题,首先,校长办公会作为行政决策机构,对学校的教育改革发展具有决定性的作用,其责任内容、责任重点和履责方式都需要重点加以研究。其次,部门组织责任界定清楚以后,同级部门之间、上下级部门之间的互动规则、统筹协调、关系界定是保证学校系统良性运转的关键变量,尤其是校长办公会、各职能部门和年级组之间的责任与权限的划分与协调是重中之重,年级组的责任管理体系的科学化、高效化是需要攻克的难点。再次,随着教育形势的发展,学校的组织架构需要适当调整,有些机构需要整合,有些机构需要增设。如学校课程建设的工作、生涯指导的工作、学生综合素养的培养工作、教师新形势下专业能力提升工作、学校教育科研工作等等,都需要应对新挑战,面临新任务,此时就需要进行相应的学校组织建设与重构。最后,校外利益相关者的责任容易被忽视,但不可或缺,主要有政府的责任、社区的责任和家庭的责任,但目前对这三者的责任和权限的探讨和界定还做得很不够,以致于影响了这三者对学校教育的理解和认同,削弱了对学校教育的支持、配合的力度与效果。

（2）以组织成员为载体的个体角色责任。个体角色责任可分为两大类别，一是主要承担行政管理任务的个体，另一是主要承担具体教育教学任务的个体。从总体上来讲，前者承担学校发展、教师发展、学生成长三重责任，后者承担爱护学校、培养学生、自我成长三重责任。其中，作为校长的责任赋予和履行尤为关键，校长带好了头，全校性的责任管理才可能运行顺畅。

按照《中国教育改革和发展纲要》中对中等学校管理体制的总体要求，笔者认为对学校中的管理组织和个体的责任地位和权限划分上应明确规定：校长是学校的法人代表，是学校发展的第一责任人，责任任务和压力最重，对外要根据政府主管部门的要求承担管理学校的部分责任，对内要对学校的教育、教学、人事、财务等实行统一领导，全面负责，行使决策指挥权；学校党组织及其负责人对学校发展承担政治保证责任，以其政治核心地位，行使导向监督和保证的权利；教代会及其成员作为全体教职工的群众性代表，在学校党组织的领导下，以其主人翁地位参与学校管理，行使民主管理和民主监督权。

在实践中，没有任何一个岗位角色是单一的责任主体，任何一个学校成员都是一个多重责任的综合体，因此，在责任的界定过程中就要分清每一个角色的责任内容、关键责任和次要责任，也可称为主体责任和相关责任，也即通常所说"一岗双责"。学校责任主体可分为决策主体、德育主体、教学主体、教研主体、后勤保障主体、监督主体等。在具体操作过程中，决策团队和行政部门中各主体的责任界定是相对明确的。但是在重大发展改革项目和年级管理团队中，各角色的责任定位和权限界定往往是交错而模糊的，这会直接影响团队成员的协调性、积极性和创造性，制约团队运行的效率和功能的发挥，进而会影响到学校整体的发展，这是在目前学校责任管理实践中需要高度重视并加以研究解决的重要问题。

此外，由于教师是学校组织中的主体部分，是学校发展的根本力量，责任管理要素的第一要素。管理者与教师一道共同研讨、平等协商并指导教师完成自身的责任界定是非常重要的，要重点思考教师的教育责任、教学责任，还有自我责任，即自我定位、自我发展的责任，主要内容包括自身专业地位的建立和教学风格特色的形成。在目标体系中，不仅要重视对教师教学质量的评价，更应重视对教师教育科研能力、终身学习能力的评价。

3.项目导向

随着教育形势的发展和上级政策的变化,在学校的常规性管理和常态化工作之外,常常有重要的教育教学改革的项目性工作,一个重要项目就是一个责任集合体,因项目的内容和分工而衍生出多种形式的责任。比如,新高考改革给予学生选科权,打破原有的文理科两种选择的格局,学校就需要对原有的教学组织管理体系进行重构,以适应学生多样化的选择和必然要到来的走班教学。这项工作看似简单,实际上在操作中非常复杂,处理不当则会引发课程管理、师资配置、学生管理、家校沟通等等方面的混乱与偏差。为此,学校专门成立一个"选课走班管理项目组",教学处是项目第一责任部门,负责该项目的方案制订、政策解读、组织协调、任务分配、确定方案主要执行者等工作;德育处(学生处)负责班主任培训、学生动员、家长宣传、学生管理等工作;总务处(后勤处)负责各教室、各功能室以及相关设施设备的调配和支持;信息中心负责相关的管理系统平台的技术支持和信息维护等工作;校长办公室和督导办公室负责过程监督,并对实施效果进行考核评价;各处室主任或分管副主任为各自板块工作的负责人。

4.时机导向

在学校可预期的较大活动(如开学新生报到、重大庆典、大型家长会等)中常常会出现分工负责人难以及时兼顾其责任领域的情况,还可能会出现难以预期的临时性工作,学校突发事件以及学生意外事故,等等,此时相应的责任人不一定能及时出现在现场,但事情处理的时机非常重要,这就需要坚持时机导向的原则,采用"首遇负责制"。这一负责制要求首先在现场的教职工就是首要责任人,须第一时间根据事件需要进行应急处理、及时报告并确保将责任交接到具体负责人手上,否则,即可认为没尽到"首遇责任"。

(三)履责

在"定责"环节之后,就进入"履职"这一关键性的落实环节。

1.定好位——做好责任方案

集体岗位和个体岗位责任确定之后,就要制订本职责在特定阶段内的总体规划和具体实施方案,找准本职责在学校组织系统中的方向、位置和环节,制订三年或五年规划,包括周、月、学期和学年度计划或实施方案,还要明确责任履行的要求、方法和流程等。在操作中,可建立完善"责任清单制度",明确岗位的职责、权限、任务、时限、标准等,将目标任务进行细化、量化和固化。如学科组长这一岗位,就要组织本组成员解决好学科组发展的学科愿景是什么、本阶段目标任务是什么、如何分工负责、如何共同研讨、如何内部指导和监督、如何准确把握考核标准并确保完成等等问题,并形成文字,修改完善定稿后发到每一个相关人,以实现"定好位"的要求。

在"定好位"的过程中,决策层自身的定位尤为关键,学校领导应只做那些必做、应做的事情,主要是两件事情:一是根据学校责任管理总体目标任务对学校全体成员提出宏观要求并向中层各部门提出明确要求,适当授权发挥他们的主动性和创造性,并保留对履职情况的最终考核权和矫正权;二是及时出现在各部门、各主体履职过程中需要协调和支持的现场,对有争议的问题做出裁决,对需要及时修正的责任任务担当商议的主持。力争做到领导只做领导的事,执行层做好执行层的事,各得其位、各尽其责,使学校的责任管理提纲振领,纲举目张,逻辑清晰,落实顺畅。

2. 站好位——抓住责任重心

站好位是指责任主体要聚焦自己岗位或项目的责任重心,集中精力履行自己的主体责任,既不能忽视非重心工作,也不能为之耗费主要精力而导致主体责任缺失导致没"站好位"。不论集体岗位还是个体岗位的责任都不是单一的责任单元,责任主体需要分清责任的轻重缓急,牢牢抓住责任重心和关键责任,才可能真正抓住主要矛盾,将本职工作做好,站好自己的位置。

站好位是履责环节中的关键一环。在实践中,学校授予各责任主体如部门、年级和个人相应的权力,充分调动积极性和主动性,保证部门职责的履行和任务的完成。在定好位的基础上,根据各岗位责任清单,层层签订责任书,从形式上进一步强化责任的履行。学校决策层和监督部门就要充分发挥领导、指导、调研和督促的作用。在一定的机制引导下,持续跟进和监督各责任主体的履责过程,实时评估进度和效度,实现对各责任主体的动态管理,将责任的目标考核与检查渗透到日常的管理当中,而不是在责任周期到了之后再进行考核。同时还要及时对责任目标任务的推进、完成情况进行日常监督与检查,及时纠偏和矫正,实现过程管理与结果导向的一致性,确保工作向正确的方向以恰当的效率推进。

3.补好位——协同相关责任

在学校内部,工作分工都是相对的,所有教职工紧密配合、相互支持,共同推动学校发展才是真正做到了履职尽责。每一个人的岗位责任虽然都有重心,但也有相关责任,若因相关责任的履行不到位而影响了整体工作,则同样要承担相应的责任后果。决策团队中的校领导之间、年级和部门中各主任之间、学科组各老师之间都会因事情时机、个人精力、经验能力等原因需要相互补位、共同支撑。肯于并善于补位的人会收获更多的组织承认、同事拥戴和个人成功。

(四)评责

"评责"环节是对责任履行效果进行评估的过程。既要关注过程,也要坚持结果导向;既要评估责任管理中的团队和个人,也要评估责任管理系统本身。以评估促进责任行为的改进,促进责任效能的提高,并形成评估反馈意见和提高完善的建议,才能推动责任管理不断深入。实施总结性评估是一件关键而需要慎重执行的工作,它关系到对责任管理系统的总体评价,关系到对学校每一个部门的效能的评价,也关系到对每一位教职工阶段性工作的评价。在具体的责任成果评比项目上,可设置责任处室、责任年级、责任课堂、责任教室、责任寝室、责任操场、责任办公室、责任会议室、责任功能室等等项目。总体来说,责任管理评价要坚持四个结合的原则,即目标导向性和过程激励性相结合、项目科学性和系统性相结合、形成性和阶梯性相结合、主体性和个体性相结合。

在实施评责前,学校要组织责任相关者进行科学而充分的研究论证,制订科学的分类别、分项目的评估标准。建立和完善"评责"的相应制度、机制,如建立学校评估信息收集机制、分析与处理制度、内部定期集中调研视导反馈制度、履职尽责考核奖励制度、校内失职问责制度等,以指导和规范责任评价工作。

在实施过程中,进行评价信息相关工作时要通过立体交叉、多层多维的信息网络以畅通信息渠道,加强监督反馈,密切关注学校责任管理活动的运行状态是否与确立的责任目标体系相符;在形成评价结论时要坚持定性与定量相结合、过程与结果相结合的原则;在实施奖励时坚持物质与精神相结合、适量与适度相结合、他评与自评相结合、内评与外评相结合等原则;在问责时,要求以果论责,坚持过错与责任相适应、教育与惩戒相结合,要慎用直接惩戒,用准问责依据,考究问责方式,恰用问责结果。奖惩本身不是目的,仅作为手段来反映责任管理的得失,维持和调动组织成员的工作积极性,及时调整责任失偏的行为。通过评责,展现出责任管理的方向性、严肃性和公正性,以更好地推动责任管理的科学化、效能化。

(五)修责

"修责"是在"评责"的基础上,对责任管理系统、责任管理主体的反思、改进和提高。其目的是完善责任管理,推动责任管理保持合理的运行周期,并使责任管理系统呈现螺旋式上升、波浪式前进的发展态势。

1.修改责任管理体系

在对责任管理系统运行状态的评估过程中,会发现责任管理的目标内容预设、管理制度机制、管理环节设计、系统与要素之间的关系等方面存在的问题和不足,也会收集到责任主体对学校责任管理系统的多样化的意见建议,这些都成为持续改进责任管理系统模式的宝贵财富。

2.修炼主体责任能力

学生"学而不思则罔",相应的教师"教而不思也会罔"。基于事实的客观公正的评估能发现责任主体在履责过程中的优势与劣势、成绩与不足,针对个体的个性化评估报告还能对个体的责任认知、责任情感、履责能力、履责方式等要素作出具体的分析;同时,这种评估让个体在参与对自身的评价过程中,能比较客观、清晰地看到自身的不足且相对易于接受和改进。这些都为责任主体的个人素质提高、履责能力提升提供了宝贵的指导和借鉴。当然,主体责任能力的提升既是一个自主改进的过程,也需要一定的促进机制和组织行为介入。

在评责和修责两个环节中,容错纠错制度和机制的建立和完善是非常重要的,通过制度和机制的建立与运行,可以让责任管理更好发挥其对教育工作者的教育、引导和培养的作用,让责任管理更好地实现理性管理和人性关怀的结合,让责任管理系统变得更有温度、更受认同、更加有效。

责任管理是一个持续的过程,责任管理系统的完善也是一个周而复始、不断深化的过程。责任管理系统从不成熟到成熟、管理水平从低到高大致要经历这么三个阶段:第一,责任管理在实施的初期,要经历一个责任管理的"强化"过程,强化责任管理的宣传教育、制度规范和组织强制。通过责任强化和制度要求让人人明白在责任管理中"什么该做,什么不该做,该做的应做到什么程度,不该做的做了或该做的未做好会有什么后果",以推动人们对责任管理的接受和遵从。第二,在责任管理步入正轨实现运行顺畅之后,责任主体的主动性、自觉性逐步增强,对责任管理的认同和支持度不断提高,责任管理就会步入相对"淡化"阶段,显性的要求和刚性的约束就会逐步转入幕后,而只在需要时加以运用。第三,经历相对"淡化"阶段的运行和考验,如果责任管理系统总体运转良性、效果很好,主体履责的行为逐渐成为一种习惯的时候,就进入了责任管理的"超越"阶段。超越阶段并非不要责任的强化和机制的调节,而是更多地通过责任管理文化的培植,更多运用人性化、民主化和个性化的方法,来持续支撑责任管理系统的运行,来持续强化和稳定组织成员的责任情感和意志。这是个人将责任管理要求成功内化并自觉外化为自主的态度表现和行为选择,变他控为自控,从而实现在责任管理中个人主观能动性、主动创造性的充分发挥,实现组织发展与个人发展的真正契合,并因此显著提高个人的工作幸福指数和组织管理效能,达到学校实施责任管理所期望的人本管理、文化管理的境界。当然,这是理想境界,是需要持续追求、不断接近的管理境界。

三、责任管理支撑

(一)凝聚共识是先导

相对于制度管理、目标管理、文化管理等概念,人们对责任管理相对陌生。工作中强调责任感、担责任等是人们所熟悉的,但是将责任上升为一种管理行为,概括成责任管理模式,则不一定容易让人理解和接受,在实践中会碰到一些误解和障碍。因此,在实施责任管理之前,通过多种途径和形式,宣传责任管理的相关理念、知识、目标、内容、制度等,充分论证其价值性和可行性,以凝聚共识、统一思想,才可能将责任管理转化为学校整体行为。

(二)建章立制是基础

如前所述,责任管理的推行不是一蹴而就的,需要有一个制度强化甚至强势推进的组织态势,否则,责任管理就难以凸显其与一般的目标管理、制度管理的不同和优势,从而变得难以被人接受,甚至会被组织成员认为是一种变了形式的"折腾"而已,这将会使责任管理的推行举步维艰。所以,认真研究、科学制订责任管理的组织章程、制度规范和运行机制是责任管理的基础性工作。

(三)团队建设是关键

责任管理的推行关键在人,在学校管理团队,高效能的责任管理一定是由高效能的团队来完成的。在设计责任管理体系的同时,对责任管理团队的建设就应同步进行,要重在增强团队成员对责任管理的价值意义、系统架构、运行特点、能力要求等方面的认识,提高团队成员对责任管理的理解、支持和拥护。

(四)考核评价是杠杆

系统有自身运行的重心和杠杆,学校责任管理系统的重心是组织成员的责任素养的提升和责任管理效能的增强,考核评价就是抓住这一重心、促进系统良性运行的重要杠杆。考核评价作为指挥棒,对责任意识、责任行为具有重要而直接的调节功能,要不断地完善考核评价标准和评价方式,使之成为责任系统运行的重要杠杆。

(五)失衡干预是难点

责任任务和权限的界定是一项重要工作,但由于责任系统本身的复杂性和责任主体的差异性,常常出现责任失衡的问题。主要表现有:第一,责任模糊。它是指不同主体之间的责任边界不清晰,责任和权限界定不明确,例如教师的教育责任、教育权力和对学生的惩戒权的界定,学校的教育责任、家庭的监护责任等边界的厘清,处理不好会出现学校和教师承担无限责任的弊病。第二,责任交叉。因任务的复杂性、交错性往往会导致主体之间的责任划分难以做到泾渭分明,会出现你中有我、我中有你的责任交叉现象,处理这种问题,就特别需要主体责任、相关责任、补位责任的清晰和成员之间的紧密配合。第三,责任过载。现代的一些管理理论认为,一个管理者由于受到多方面因素的限制,所能管理的下属人数是有限的,这就是管理幅度。在现实中,一个人很可能因其能力较强或岗位重要或其他原因,被赋予了超出其权限范围或超出其精力所能承受的工作,导致出现责任履行效果受影响、责任主体受损害等问题。

责任失衡本质上是校外各方责任赋予与校内实际之间的失衡、校内组织与个体责任权限的不同步等问题的表现,是需要各方共同努力完成的综合性任务。从教育管理部门的角度来讲,要将国家的教育意志和任务传递给基层一线,要积极回应社会和家长对教育的种种期待;从教育工作者的角度来讲,他们要工作也要休息,要学校也要家庭,要学生也要家人,要讲奉献也要讲个人。而这两个角度所关联的责任内容、管理权限和价值取向往往不完全均衡和同步,就容易出现上述责任失衡的问题,还会出现责任固化、责任片面乃至引发责任焦虑等等问题,需要校内外各方、教育利益相关者一起来想办法、出对策,共同解决责任失衡的问题。

附 责任管理系统示意图(图3-1):

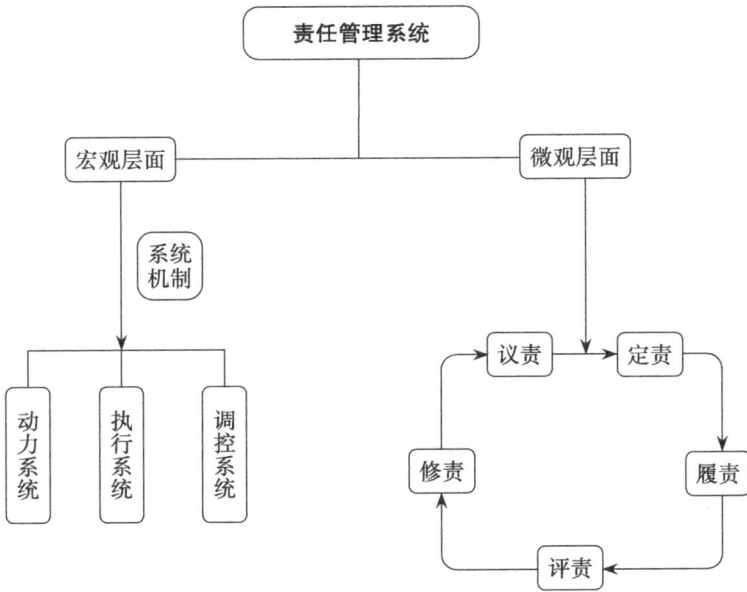

图3-1　责任管理系统

下 篇

校本实践

第四章 弘扬责任文化的校本选择

第一节 学校校情

西蜀三千里,巴南水一方。重庆市巴南中学校,背倚屏山清幽色,面迎长江巴字流。巴南风雨砥砺百十载,前有数前辈励精图治,后得众学人辛勤耕耘,于山城人杰之地弦歌不辍,在雾都崇学之所吟诵教育华章。

巴南崇教地,自古为历史名邑,乃周朝巴人之旧都。巴南中学始建于1904年,时为巴县东里接龙乡登瀛书院,庠名九易,序址六迁,2008年迁入现巴南区新校址,即巴南区李家沱龙洲大道2346号。

一百多年的积淀,铸就了巴南中学深厚的历史文化底蕴。2012年,巴南中学被重庆市人民政府评为"重庆市重点中学"。本书写作之时,巴南中学共拥有290余名教师、3800余名学生,实行初高中一体化办学,是巴南区办学规模最大的完全中学。学校有正高级教师1人,特级教师1人,市级名师1人,市级骨干教师、市级优秀班主任10人,市、区级先进个人数十人,区名师先进典型1人,区级学科带头人3人,区级骨干教师47人,中学高级教师71人,具有硕士学位的教师36人。4名教师曾代表巴南区参加市级现场赛课获得一等奖,2名教师曾代表重庆市进行全国学科示范课展示。

一、发展优势

1.深厚的办学底蕴

学校原点可追溯到1904年巴县东里接龙乡创立的登瀛书院,一百多年的办学历程为巴南中学奠定了深厚的办学底蕴和扎实的办学基础,众多的杰出校友为学校提供了极其宝贵的资源。巴南中学多次获评市区先进基层党组织和教育系统先进基层党组织。学校党委坚持以党的建设为引领,以优秀党员为模范,以党的组织为中心,扎实有力推动各项工作,推出"传承红色基因"主题活动,让师生在书香校园畅谈家国情怀;开启"双培养"工程,"党员+教师"双重身份负双责,培育校内党务工作者严谨、敬业的工作态度。巴南中学以科技兴校,荣膺"全国中小学信息技术创新与实践活动组织工作先进单位"的表彰。"134生态课堂"建设,打造具有思维化的教学课堂。

2.优越的物质文化环境

学校地处巴南区李家沱,位于巴南大道和渝南大道分流道交会处,地理位置优越,交通十分便利,是巴南区距离主城核心区最近的市级重点中学校;学校占地128亩,地势平整,校园环境优美,学生食堂干净整洁,学生公寓功能齐全,教学楼宽敞明亮,综合楼巍峨壮观;学校设施设备完善,教学资源齐备,建成有标准的400米塑胶运动场,配置了完善的计算机房、学术报告厅、电子阅览室、多功能室、音乐室、美术室、通用技术教室等,图书馆藏书10万多册,每间教室配齐了"班班通",教师办公和教学基本实现了现代化。

3.良好的外部发展机遇和潜能

巴南区人口数量超过100万,对优质的高中教育资源有着特别旺盛的需求。巴南中学因此得到了区委区政府和教育主管部门的高度重视、社会各界的共同关心和大力支持。学校在新思想、新理念指引下,随着生源结构和质量的改善,学校管理水平的提升和教师队伍整体素质的提高,必将能产生后发优势,在竞争中发挥出巨大的潜力。

4.求实进取的教职工队伍

学校领导班子团结和谐,进取心强,办学思路清晰,办学思想新颖;师资队伍稳定,初高中专任教师学历达标率100%,学校教师敬业奉献,求实进取。截至2024年,学校陆续从全国重点师范院校招聘优秀大学毕业生,以及从全市各区县重点中学引进优秀人才,共计50余人。他们的到来,给学校带来了生机与活力,极大地充实了师资队伍。

5.蒸蒸日上的教学质量

近年来,我校以责任教育为主线,打造负责任、讲担当的综合型人才,并开发了拥有我校特色的责任教育系列课程,在各个年级具体实施。

目前,我校作为巴南区规模最大的完全中学,学校坚持"质量立校、科研兴校、文化养校、特色亮校"的办学思路,一手抓优质教学,一手重素质培养,开展各种特色活动,提升学生综合素质,多举并行积极探索高效务实、适应新课程改革的教学方式,进行人才培养模式的改革与实践,成效显著。

2024年以来,从适应更高一级学校的选拔结果来看,近几年学生的学习能力不断提升,我校中高考成绩均呈现出逐年上升的发展趋势;从生源整体来看,各届学生大多都实现了低进高出的目标,同时学生个性化发展呈现"百花齐放"的可喜景象,体育、艺术、科技等各类早期人才培养板块均取得骄人成绩,彰显出"自强不息,追求卓越"的学校精神。

长江滚滚,教泽绵延;屏山巍巍,学风清正。今之巴南中学,在党的教育方针指引下,以文化建设、队伍建设、课程建设、课堂建设和后勤与信息化建设等五个方面为抓手,全面铺开学校工作,志创中华之名庠。巴南中学师生也将继续厚植家国情怀,发扬实干精神,续写辉煌。

二、制约因素

1.学校的品牌影响力需要继续提升

我校的办学水平在巴南区内有一定的影响力,能够得到社会各界的基本认可。但是,与同类学校相比,我们还有很多需要学习的地方,学校办学的竞争力与学生的发展水平还有较大提升空间。

2.师资队伍整体水平有待提高

学校教师队伍年龄结构不够合理,学科梯队结构性矛盾较为突出。在本市、区有一定影响力的名师、骨干教师、学科带头人数量偏少,业务精良的高级教师比例偏低。还有相当一部分教师教学观念陈旧,教学方法低效,学习和创新能力不强,不能很好地利用现代化教学手段和采用新的教学模式。学生的课业负担和教师的负担仍然比较严重,教师教得苦,学生学得累。教师的教学思想、方式方法亟待大幅度更新和改进。

3.新课程与教学改革力度不够

课程建设方面,虽然整体落实了国家课程规范,但缺乏对国家课程规范的深度解读和创造性理解,学校特色课程建设的系统性、特色性、规范性都还需要提高,总体上显得不够灵活,不能完全适应学生发展的需要。新课程理念在教学中的贯彻与体现显得较为薄弱,教学改革力度不够。

4.新高考的要求与固有教学模式的冲突

国家做出深化教育改革和促进素质教育的决定,即要求学校在新时期的环境下培养出新型创新人才,这对所有教师都是一项巨大的挑战。老师们固有的教学模式、教学方法,将与新时代背景下人才的培养模式产生冲突。

5.学校特色文化打造还不够有力

以优秀传统文化为底色的责任文化特色有待全面深入系统挖掘;对"责任文化"特色的系统深化、全员内化和整体优化还不够。

基于上述基本校情,学校根据国家政策、时代要求和学校发展需要,围绕"立德树人"根本任务,致力于帮助学生全面而富有个性地发展。全校上下形成了以弘扬学校"责任文化"为己任的共识,学校把面向学生的责任教育作为育人的关键突破口,并对全体教职工这一教育工作者群体提出了责任管理的要求,努力实现培养负责任的学生、打造负责任的教师、建设负责任的学校的三重目标。

第二节　办学理念

为人之要,以德为先;家国责任,德之根本。有鉴于此,学校提出"育守责立身之人"的育人宗旨,将责任教育作为学校的一大特色,旨在唤醒学生的责任意识,提高学生的责任能力,引导学生的责任行为,让责任成为一种沉淀在学生心中的价值观,以此培养学生良好的习惯、健全的人格、创新的意识、实践的能力,从而为学生成就美好人生打好扎实的基础。

一、核心理念——人生立世、责任为本

人的生命只有一次,每个人都应该热爱生命,活出生命的价值,而生命的价值很大程度就在于责任担当。每一位巴中(即巴南中学)人都应该拥有对自

身、他人、集体、家庭、社会、环境、未来的责任意识。每一位巴中人都应该做到在责任意识的驱动下,独立思考、主动探究、知行合一、践行环保、有所创新,成为能负责、敢担当、懂自律、有作为的现代公民。

二、理念具体化呈现

1.一训三风

(1)校训:修己任责,力行日新。

"修己",简单来说就是修养自己,提升自我;

"任责",是指承担自己应尽的责任;

"力行",是指尽力做出行动来完成自己的责任;

"日新",是笃行人生的责任,与时俱进,适时做出改变和创新,以更好地履行自己的责任。

修养自己和承担责任,是一个坚持不懈的过程,也是一个不断创新的过程。力行日新,是修养自我和承担责任的重要途径。

(2)校风:尚德修文、扬善达美。

"尚德",就是崇敬高尚道德,推崇优秀品行;

"修文",就是要加强文化建设,培育文明风尚,讲求文明礼仪;

"扬善",就是继承传统美德,以充分开发和张扬人性"善"的因素,凸显人性光辉;

"达美",就是达成美的境界;

尚德、修文、扬善、达美的培育,最终使学校形成推崇道德、讲求文雅、张扬善行、共享和美的文化氛围。

(3)教风:厚德启智、立己善教。

"厚德",语出《易经》"地势坤,君子以厚德载物"。教师气势应厚实和顺,教师本人应身具美德,应容载万物。

"启智",《六韬》曰:"心以启智,智以启财,财以启众,众以启贤。"教育的开启要建立在美好品德的基础上,才能使智慧有深厚的根基。

"立己",语出《论语·雍也》:"夫仁者,己欲立而立人,己欲达而达人",教育应体现孔子所倡导的"恕"之道。

"善教",是说要以善为教,要尊重受教育者的生命发展规律,善于教育教学。教育者不仅要提高自己的道德修养,而且也要成就受教育者的良好人格,端正受教育者的人生观、价值观。

(4)学风:博学、审问、慎思、明辨、笃行。

"博学",意指为学首先要广泛地猎取,培养充沛而旺盛的好奇心。"博"还意味着博大和宽容。为学要具有宽广的世界观和开放的胸襟,才能真正做到"海纳百川、有容乃大",进而"泛爱众,而亲仁"。

"审问",指有所不明就要追问到底,要对所学加以怀疑。

"慎思",学习以后还要通过自己的思想活动来详细考察、分析,否则所学不能为自己所用。

"明辨",有正确的是非观念,能因事而论,因时而动,既能正确判断因果也能指导实践。

"笃行",语出《礼记·中庸》:"博学之,审问之,慎思之,明辨之,笃行之。"意指学有所得之后,就要努力践行所学,使所学最终有所落实,做到"知行合一"。"笃"有忠贞不渝、踏踏实实、一心一意、坚持不懈之意。只有目标明确,意志坚定的人,才能真正做到"笃行"。

这是为学的几个层次,或者说是几个递进的阶段,也是先圣留下的求知至宝。"博学""审问"是求知的先期工作,"慎思""明辨"是培养学生思辨能力的途径,"笃行"是知行合一的最终目的。

2.学校精神:攻坚克难、自强不息

攻坚克难,是指迎难而上,遇到困难不退缩,敢啃硬骨头,不断改变,超越现状,力求发展。

自强不息,是指努力进取,持之以恒地奋斗,永不退缩,永不言败,勇往直前,追求卓越。

3.宣言:六年塑造一生、担当民族未来

巴南中学从对学生的终身发展负责出发,用六年构建起初高中一体化教学,构建学生完整的行为习惯体系,持续润泽学生的生命底色,真正做到用六年的教育塑造一生,培养能担负民族复兴大业的德智体美劳全面发展的时代新人。

第三节　办学目标

一、学校发展目标:初高中一体化优质特色化发展

为实现学生的初高中贯通培养,提升学校办学品质、提高教育教学质量,巴南中学积极探索推行"初高中一体化优质特色化发展"培养机制,基本实现了管理一体化、师资一体化、德育一体化、教研一体化,将初中做大做强,高中做精做特。

巴南中学牢牢把握责任教育、女子足球、排舞、心理健康教育等特色品牌,坚持"文化引领、德育护航、教研驱动、特色立校"的办学思路,一手抓优质教学,一手抓素质培养,开展各种特色活动,综合提升学生素质,并进行了人才培养模式的改革与实践,成效显著。

二、学生培养目标:育守责立身之人

使学生拥有五个"一",四个"自"。

1.五个"一"

(1)一个生涯规划:以自我认识、环境探索、专业和高校为主要学习内容,引导和激发学生树立远大理想,培养学生的规划能力。

(2)一次责任实践活动:以责任教育和养成教育为切入点,遵循学生的身心发展规律,让学生参与到责任实践活动之中,培养对国家、社会和自己的责任感。

(3)一份增值成绩:关注学生的进步与发展的过程,满足学生个性化发展,激发学生的发展潜能,实现学生综合成绩的提高。

(4)一项研究性成果:构建开放的学习环境,鼓励学生自主探究,解决问题,得出结论。引导学生关注现实生活,将学习和研究获得的知识综合应用于实践,培养学生的创新精神和实践能力。

(5)一项体艺特长:学校开展大课间体育活动,确保学生每天锻炼1小时,促进学生养成体育锻炼的习惯。要求学生上好体育课,使每个学生掌握至少一项体育运动技能。提高学生艺术素养,利用我校教育资源,开发具有民族、

地域特色的艺术教育选修课程。培养学生的艺术爱好,让每个学生至少学习掌握一门艺术特长。

2.四个"自"

以责任教育和养成教育为主线,依托学校"三养"课程(养心、养正、养志),结合学生发展特点和阶段性任务,形成学生评价体系,初步构建凸显我校特色的一体化德育课程活动,培养具有巴中印记的自信、自主、自律、自强的学生。

自信:树立理想,明确目标。

自主:勤思好学、乐于创造。

自律:知孝懂礼、正心诚意。

自强:热爱生活、创造生活。

第四节 办学战略

一、文化引领、德育护航、教研驱动、特色立校

战略路径:运用四个策略打造一个教育体系。

1.文化引领

结合责任教育办学理念,建设优良的校风、教风、学风及富有特色的学校文化,引领学校内涵式发展,彰显学校文化气质,形成品牌特色。

2.德育护航

以加强未成年人思想道德建设为目标,学校从学生现状和需求出发,结合责任教学办学特色,构建"134养成教育体系",推进五育并举,将思想道德教育融入教育教学各个环节和学生生活中,为形成全员育人、全科育人、全程育人、全方位育人新格局保驾护航。

3.教研驱动

学校坚持"以教研促教学"的理念,以实施新课程标准和强化校本教研为突破口,构建"134生态课堂",不断探索教研新机制,构建教研新模式,驱动教研高质量发展。

4.特色立校

牢牢把握责任教育——"696特色教育"、女子足球、排舞、心理健康教育等特色品牌,努力打造名优特色品牌学校,不断推动教育事业高质量发展。

二、打造以责任为核心的"134教育体系"(学校层面、党建、养成教育、教学改革)

1.学校层面

"1"体化,初高中一体化优质特色化发展;"3"支柱,党建、德育和教学;"4"建设,文化、课程、课堂和队伍。

2.党建

"1"个引领,党的全面领导;"3"双策略,"双馨""双培""双带";"4"项工程,领航、堡垒、先锋、清风。

3.养成教育

"1"条主线,责任;"3"养课程,养心、养正、养志;"4"自目标,自信、自主、自律、自强。

4.教学改革

"1"个中心,以人为本;"3"维目标,知识技能、创新精神、实践能力;"4"种方式,自主独学、合作互学、展示亮学、检测评学。

三、特色建设

1.养成教育

学校逐步完善"134养成教育体系",有序、有力推进"八大习惯"的养成教育,成效明显。实施了参与全员化、教育活动化、活动主题化、主题序列化、序列特色化的"五化"策略,以问题为导向,针对学生的不良习惯,有计划、分阶段、针对性地反复抓、抓反复,让学生在参与、感悟、体验和交流中成长,逐渐养成良好行为习惯、树立高尚理想目标,从而提升教育实效。学校被区教委评为了"巴南区养成教育特色学校"。

2.教学改革

(1)我校在以"责任教育"为办学特色的引领下,打造"696特色教育"和"134生态课堂",由线及面、由浅入深、由表及里,多角度、多层次地渗透到学校生活的各个方面。

(2)依托八中(即重庆市第八中学校)平台,加强战略合作,巴南中学全面提升教育教学水平,强化教师教育科研能力,协作培养拔尖人才,为全面提升综合办学实力开辟了新路径。

3.体艺特色

我校一直持续推进"五育并举",培养德智体美劳全面成长的新时代学子是学校的不懈追求。学校的足球、排舞体艺特色鲜明,先后被评为"全国排舞示范校""重庆市体艺特色学校"等。学校女足夺得一次全国冠军,六次重庆市亚军,球队累计培养出50名国家一级运动员和2名国家级运动健将。

学校排舞队连续4年参加"舞动中国-排舞联赛"线上总决赛,荣获12个特等奖,荣获团体3个第一名。

除此之外,学校还大力实施田径、传媒、美术、书法、合唱、陶艺、心悦等校园精品体艺课程,形成"一精多品"体艺特色,使学生熟练掌握1项或多项终身受益的体艺技能,为学生成长创设更加广阔的舞台。

4.科创教育

学校以选修课程、社团活动、兴趣小组为主要途径,开设电脑制作、编程、3D打印、创客、机器人等项目,努力打造精品课程,积极主动参加科创竞赛,如"全国中小学信息技术创新与实践活动""全国中小学电脑制作活动""重庆市青少年科学素养大赛""重庆市青少年科技创新大赛""巴南区科技节",等等,取得丰硕成果。获得区级及以上奖励的达600余人次,其中市级270余人次,国家级30余人次。

经过多年努力,巴南中学的学生科创素养大幅提高,科创教育水平不断提升,形成了爱科技、学科技的良好氛围,正朝着科创特色学校的道路大步迈进。

四、目标预设

1.学校发展目标

经过三年卓有成效的努力,力争在文化建设、队伍建设、课程建设、课堂建设和后勤建设等五个方面取得显著的成效;努力提升我校的办学品质与口碑,真正实现初中优质、高中特色、初高中一体化的办学目标。

2.学生培养目标

学校以"育守责立身之人"的育人宗旨为指引,着力从人文底蕴、科学精神、学会学习、健康生活、责任担当、实践创新等六大方面对学生进行系统化教育,要求每一位学生本着对自身长远发展负责任的精神,在规定学段内至少有一个生涯规划、一次责任活实践动、一份增值成绩、一项研究性成果和一项体艺特长,使之成为懂责担责、乐学善学、身心强健、言行雅致、实践创新的新时代中学生,努力让每一个学生成为"会负责、有特长"的人,实现学生全面而有个性地发展。

五、重点项目

为让学校"责任文化"落地生根,达成学校"学生责任教育"与"教师责任管理"的目标要求,学校明确了以下几个重点项目任务。

1.文化建设

(1)以培育责任精神为核心,进一步落实好一训三风,优化办学理念系统,打造丰富的精神文化。

(2)构建责任管理制度体系,修订完善学校的一系列管理制度,形成科学化、人性化、规范化的制度体系,完成《巴南中学制度汇编》,使其成为全校师生共同遵守的行为准则。

(3)对校园建筑设施、植物及人文景观进行科学、合理的规划设计,让学生随时随地都能受到文化熏陶,更好地实现学校"处处皆育人"的责任文化建设目标。

(4)在责任教育文化的熏陶下进一步培养师生时时处处坚守责任的行为文化。

(5)持续改善责任教育工作所必需的硬件条件,建立责任教育资料库,根据学校实际情况,开发责任教育资源,建设责任教育基地。

2.队伍建设

分干部、班主任、科任老师、职员工人四个类别,针对性地培养其工作中的责任意识、责任能力。

(1)干部队伍建设:培养一支信念坚定、为民服务、勤政务实、敢于担当、清正廉洁的管理干部队伍。

(2)班主任队伍建设:提升班主任队伍的德育理论水平和操作能力,促进我校班主任队伍专业化水平的发展,努力打造一支师德高尚、理念先进、业务精湛的班主任队伍。

(3)教师队伍建设:努力建设一支适应教育改革、业务素质好、师德高尚、认责担责、教风严谨、创新能力强的师资队伍。培养市、区、校级骨干教师,打造强势学科,努力建设一支具有较高师德素养和专业素养的教师团队。

(4)职员队伍建设:要求职员队伍本着对岗位负责、为师生服务的精神,遵循学校的工作纪律,严格执行考勤制度,努力提升业务能力,为全校师生服好务。

3.课程建设

(1)"责任教育"课程建设:构建学校德育的层级体系,形成校级层面、年级层面、班级层面三位一体的德育体系。

(2)学科拓展课程建设:打造具有实用性和时代性的课程,培养学生的素养和学习能力,提升学生的思维品质。

(3)学生生涯规划课程建设:通过课程建设引导学生制订生涯规划,培养学生生涯规划意识。研发适合我校校情的生涯规划校本教材。

(4)体艺课程建设:突出女足、排舞等亮点工作,打造适合于新高考的社团课和选修课。

4.课堂建设

按照责任教育与责任管理的要求,建设师生各负其责的"责任课堂",明确课堂中教师和学生各自的角色责任。打造具有思维化的教学课堂,着力培养学生的直觉思维、形象思维、逻辑思维、辩证思维、发散思维、创新思维,构建学生的自主的思维体系和知识体系,杜绝一讲到底、满堂灌的课堂教学行为。

5.后勤建设

总务处坚持"为教育教学服务,对岗位负责"的服务宗旨,以"加强管理,服务师生,做好保障"为工作重点。着力培养一支服务质量好、业务素质精、师生满意度高的后勤服务队伍。以"责任文化"为主题,营造校园文化环境氛围和外显视觉文化,努力打造外观美、功能全、设备好、环境幽、育人氛围浓的巴中校园。

第五章 指向受教育者的责任教育实践探索

所谓责任,是指分内应做的事,是个人或群体组织所应承担的职责、任务或使命。马克思、恩格斯在《德意志意识形态》一文中指出:"在社会关系中,作为确定的人,现实的人,你就有规定,就有使命,就有任务。"巴南中学注重德育特色品牌建设,认为人之为人,在于人要为自己的选择及其行为结果负责,而当下社会乱象和德育困惑却总在宣告着世人的责任现状不容乐观,一种非呐喊的、敏于行的"责任教育"势在必行。

学校将"责任教育"确立为德育的主线,提出了责任教育"1+2+3+n"思路架构。"1"是一条主线,即弘扬责任文化,培育修己任责的人;"2"是两个领域,指向受教育者的学生责任教育和指向教育者的学校责任管理;"3"是三个关键,即责任认知、责任情感、责任行为;"n"是系列项目式行动(任务驱动、项目引领),即围绕责任教育和责任管理而展开的一系列制度建设、内容设计、实施策略等教育管理活动。

第一节 责任教育的情况调研

本次调研选择了学校初二、高二、初三、高三年级各一个班进行,共收回219份问卷,有1份问卷废卷。

(一)问卷统计

1.你班上是否开展了每月一次的责任教育主题班会?

是(217人)　　　　否(1人)

2.你的班主任是否参与了责任教育主题班会的策划、组织和主持?

是(212人)　　　　偶尔(5人)　　　　否(1人)

3.你印象最深刻的责任教育主题班会是哪一学期的什么主题?

（明确写出答案且能够进行统计的如下文所示。很多同学未写,有些同学写的"责任教育",类型模糊,无法统计。问题中提到的"学期"在答题情况统计中省略。）

具体答题情况统计如下:

"对自己讲责任"14人,"对他人讲责任"21人,"对集体讲责任"20人,"对家庭讲责任"19人,"对祖国讲责任"45人,"垃圾分类"38人,"性教育"1人,"防溺水"8人,"预防近视"4人,"交通安全、生命安全、财产安全"11人,"预防肥胖"1人,"防火"3人,"保护牙齿"1人。

4.你觉得你的班主任是否真的很重视开展的责任教育主题班会?

是(212人)　　　　有点(6人)　　　　否(0人)

5.你觉得学校开展的责任教育是否真的提高了你的责任心(对照"七讲")?

是(204人)　　　　有点(14人)　　　　否(0人)

6.作为一名"责任教育"的参与者,如果请你对学校开展的"责任教育"提一些建议,你的建议是:

（未写建议的有24人,明确写"无"的有75人,其余都写有建议,统计如下,重复的未记。）

多写一些"责任教育"的标语放在学校;可在全校学生中开展一次"责任教育"征文比赛;多开展有趣的责任教育,让同学们参与度更高;做"责任教育"板报、手抄报;每学期年级搞"责任教育"演讲比赛;增强互动环节,增加同学们的印象;多组织看教育片;多开展社会实践活动;多开展实地调查,开展户外实践活动;加大惩处力度,严格对待每个学生,不偏袒不遗漏;多宣讲如何预防性侵,普及性知识;请校内外专家多开展"责任"相关讲座;多开展演讲比赛或知识竞赛,添加一些乐趣(寓教于乐);加强中学生防范校园暴力的意识,以及加强中学生面对校园暴力时如何处理方面的教育;加大宣传力度;在"个人讲责任"板块里,尽量培养学生多元化发展;做得很好,继续保持;多深入社区或街道开展活动;多开展公益活动;次数应适当增多;多增加情景剧、表演剧的分量;注重落实,行胜于言;多宣传垃圾分类,增强学生环保意识;考虑多重措施让责任意识充满校园每个角落。

(二)对本次调研的初步研判

本次调研抽取了学校已经进行过一年以上"责任教育"年级的学生进行调研,且为突击性调研,结果具有真实性。调研情况显示,四个年级的学生对此次调研均十分慎重,认真对待,调研的数据真实可靠,调研里学生所提的建议与学校开展责任教育的实际情况基本符合,这些建议为学校更好地开展下一步工作提供了有力的支撑。

(三)下一步工作对策

1.继续深入搞好"责任教育"主题教育序列化活动,注重责任教育的实践体验。创设丰富多样的主题教育的方式,寓教于乐,以期达到更理想的效果。

2.对"责任教育"进行持续传播,营造"责任教育"的校园文化氛围,继续加强"责任教育"的舆论监督和宣传。

3.对主题班会提出更高要求,多增加情景剧、表演剧的分量,以期用形象生动的情境让主题班会收到更好的效果。

第二节 责任教育的校本设计

巴南中学自升重以来,进一步加快教育改革步伐,确立了新的办学理念体系,将"责任教育"确定为学校的办学特色,将"育守责立身之人"确定为学校的育人宗旨。

1.责任教育总体思路

著名教育家叶圣陶说:"德育就是养成良好的习惯。"要"养成良好的习惯",我们必须思考:做什么,怎么做,做到什么程度才能养成良好的习惯。

我们认为,德育不是空洞说教,必须学生参与;德育内容必须鲜活,有时代感、新鲜感;德育形式不能单调、呆板,要能激起学生的学习热情。只有这样,德育才可能达到理想的效果。

（1）确立德育主线。"责任教育"作为德育的主线,其他的德育活动都是这根主线的支线,进而形成德育清晰的脉络。

（2）挖掘责任教育内涵。通过对"责任教育"内涵进行认真解读分析,我们把"责任教育"概括为"七讲",每一讲包括具体内容和要达成的目标,形成了较为完整的校本课程体系。

"七讲"具体内容及目标:

①对环境讲责任,学会敬畏与珍爱;

②对自己讲责任,学会自律与成长;

③对家庭讲责任,学会感恩与孝敬;

④对他人讲责任,学会尊重与帮助;

⑤对集体讲责任,学会守纪与协作;

⑥对社会讲责任,学会担当与报答;

⑦对祖国讲责任,学会忠诚与奉献。

2.责任教育安排

为了保证德育的新鲜感、内容的充分挖掘和详尽实施,保证达到预期的效果,学校以"七讲"为抓手,每学期抓好其中某一讲或两讲,将"责任教育"7个方面的内涵拉长到3年的时间内完成。

在每个3年周期中,每学期实施的内容都不同,按"七讲"有序开展。

学校从13-14学年上期开始,进入第一轮"责任教育"主题教育,15-16学年,第一轮为期三年的活动已经结束。从16-17学年上期开始,第二轮活动拉开帷幕。

第一轮活动是全校统一铺开,活动方案由学校统一制订,自上而下开展工作。第二轮学校决定,活动方案采用自下而上形式,由各年级主任联合班主任共同商议制定,报学校德育处审核,分管校长审定后实施。

第二轮活动实施过程中,学校总的规划是:

高一、初一上期,主要围绕"对环境讲责任,学会敬畏与珍爱;对自己讲责任,学会自律与成长"开展活动;高一、初一下期,主要围绕"对家庭讲责任,学会感恩与孝敬"开展活动。

高二、初二上期,主要围绕"对他人讲责任,学会尊重与帮助"开展活动;高二、初二下期,主要围绕"对集体讲责任,学会守纪与协作"开展活动。

高三、初三,主要围绕"对社会讲责任,学会担当与报答;对祖国讲责任,学会忠诚与奉献"开展活动。

具体分配思路是:高一、初一,从个人层面学习;高二、初二,从集体层面学习;高三、初三,从国家和社会层面学习。具体实施时,教师也可以根据班级实际情况,将个人层面、集体层面、国家和社会层面的学习进行穿插设计。除"七讲"外,还包括对社会主义核心价值观课程的学习。

我们期望以"七讲"为抓手,以三年为一个周期,通过丰富多彩的形式,开展德育,以坚持不懈的努力,培养学生多方面的责任心,从而实现"为社会培养有责任心的人"的目标。

第三节　重庆市巴南中学校责任教育实施方案

为认真贯彻落实《中共中央、国务院关于进一步加强和改进未成年人思想道德建设的若干意见》及《国家中长期教育改革和发展规划纲要(2010-2020年)》精神,以科学发展观为指导,坚持"德育为首,育人为本"原则,以完善学校育人体系为保障,以进一步提高德育工作实效为重点,遵循学生身心发展规律和教育发展规律,创新德育内容、途径、手段、方法,营造良好的育人氛围,培养学生健全的人格,实现德育工作新突破,打造特色德育工作新局面,特制订本方案。

(一)指导思想

紧紧围绕学校"育守责立身之人"的育人宗旨和"责任教育"办学特色开展工作。以责任教育"七讲"内涵为线索,开展丰富多彩的主题教育,以坚持不懈的努力,培养学生多方面的责任心,使每一位巴中学子都能记住在母校接受的"责任教育"并终身受益,真正形成个性鲜明、滋味浓郁的巴南中学"责任教育"办学特色。

(二)工作原则

1.坚持因校制宜原则

巴南中学自升重以来,将"育守责立身之人"确定为学校的育人宗旨,将"责任教育"确定为学校的办学特色。所以学校德育工作立足校情、生情,因校制宜有序开展,不断创新,以期更好地推进德育工作的针对性和实效性。

2.坚持课程性原则

围绕"为社会培养有责任心的人"的学生发展目标,以主题班会和德育系列活动为实现载体,根据不同年龄特点、不同学段教育需求,科学开发,统筹安排,周密制订德育课程体系。立足学生身心发展,尊重个别差异,为不同层次的学生提供适合的课程。

3.坚持系统性原则

统筹考虑学校德育课程、社会主义核心价值观课程以及不同时间段德育阶段性工作,有序组织,陆续开展。在此基础上不断丰富和完善德育课程,形成系统性的课程体系。设计项目式、主题式、探究式、体验式教育,创设有意义的真实学习情境,增强学生的探究精神和综合素质。

4.坚持体验性原则

为学生提供更多的动手操作、实践体验、合作学习、境界提升的机会,丰富学生课内外学习经历,提高学生社会责任感、创新精神和实践能力,培养学生意志品格,提升学生思想认识。

5.坚持安全性原则

在开展社会实践活动中,始终把师生安全作为学校德育活动的底线要求,在活动方案和安全预案的制订上严格防范、科学治理,确保师生安全。

(三)建设目标

1.总体目标

通过丰富多彩的形式开展德育,以坚持不懈的努力,使学生的责任意识包括环境意识、文明意识、集体意识、合作意识、奉献意识、身心健康意识及安全意识不断提高,思想境界不断提升,从而实现"为社会培养有责任心的人"的学生发展目标,真正形成滋味浓郁的巴南中学"责任教育"办学特色。

2.具体目标

"责任教育"内涵共分为"七讲",每一讲有各自要达成的目标,分别是:对环境讲责任,学会敬畏与珍爱;对自己讲责任,学会自律与成长;对长辈讲责任,学会感恩与孝敬;对他人讲责任,学会尊重与帮助;对集体讲责任,学会守纪与协作;对社会讲责任,学会担当与报答;对祖国讲责任,学会忠诚与奉献。

(四)建设内容

1.加强课程建设,完善课程体系

"责任教育"德育品牌教育课程,是从学生真实生活和实际需要出发,从地域文化、学校文化、时代发展需要出发,以促进学生身心发展为出发点,以课堂和各类活动为主要载体,通过学习、探究、服务、动手、体验等方式,培养学生社会责任感、创新精神和实践能力的实践性课程。"责任教育"德育品牌教育课程是学校学科教学之外的课程,是对校内学科课程的有力补充。

围绕"为社会培养有责任心的人"的学生发展目标,学校"责任教育"多样品牌课程分为四大类别,即:生存体验课程、素质拓展课程、科学实践课程、专题教育课程。

(1)生存体验课程。生存体验课程主要包括劳动教育、消防逃生演练、心肺复苏培训、敬老孝亲等活动项目,让学生通过学习,领悟生命和生存的关系,理解生命的价值和意义。着力培养学生的自主能力、自救能力、自我防范能力和博爱意识,使学生能够正确认识生命、尊重生命,培养学生形成自强不息、积极向上、豁然达观的人生态度。重点培养学生学会自律与成长,学会尊重与帮助,学会担当与报答。

(2)素质拓展课程。主要包括军事训练、研学旅行、春游远足、学校运动会、体育竞赛、艺术节、校庆跳蚤市场、陶艺、篆刻、动漫等活动项目。这些课程有着投入为先、挑战自我、熔炼团队、高峰体验和自我教育等特点,让学生能够认识自身潜能,增强自信心,改善自身形象,克服心理惰性,磨炼战胜困难的毅力。同时,也能让学生认识群体的作用,增进对集体的参与意识与责任心,使其更能融洽地与群体合作。重点培养学生的技能意识,提升学生身体素质和艺术素养,使其学会守纪与协作。

(3)科学实践课程。科学实践课程主要包括科学探究、技术与设计、科学与艺术、科普教育等活动项目,其主要目的是引导学生在学习中获得科学与技术的体验和丰富的实践经验,形成对自然、科技、社会和自我的内在联系的整体认识。科学实践课程让学生初步学会解决问题的科学方法,培养学生的创新精神、科研精神、实践能力,使其形成对科学的探索意识和强烈的社会责任感,从而塑造良好的个性品质。

(4)专题教育课程。专题教育课程,主要包括"七讲"课程主题班会(见附录一、附录二)、传统美德教育、革命英烈教育、法治教育、心理健康教育、国防教育、环境保护教育、毒品预防教育、反邪教教育、防艾滋病宣传教育等活动项目。作为弘扬和培育民族精神的重要途径,这些课程内容丰富多彩,贴近生活,安排规范有序,让学生在课程中多角度领悟社会生活,获得深刻的体验。

2.丰富课程实施方法,拓宽责任教育路径

(1)重视责任教育活动的开展,以活动为载体,进一步增强责任教育工作的针对性和实效性。

多元化的责任教育活动重在丰富学生的学习体验,为此设计名句名篇背诵、黑板报、心理手抄报、集体签名、主题班会、专题活动展演、《弟子规》韵律操、年级足球比赛、篮球比赛、排舞比赛、知识竞赛、演讲比赛、辩论赛、志愿者活动等系列体验活动,不断丰富责任教育的方式与手段,让学生在体验中感知责任,提升认识。

责任教育活动举例如下:

表5-1　初中责任教育主题活动

年级	月份	责任教育切入点	班会话题	班会标题	大型德育活动
初一上	9	对集体讲责任	规范教育	知礼爱校	人格教育
			班级建设	我的班级我做主	
			习惯养成	千里之行 始于规范	

续表

年级	月份	责任教育切入点	班会话题	班会标题	大型德育活动
初一上	9	对家庭讲责任	团圆中秋	喜迎中秋佳节	入格教育
	10	对祖国讲责任	爱国教育	礼赞共和国	田径运动会
		对他人讲责任	信任合作	信任,让你我走近	
		对集体讲责任	纪律精神	纪律保障成长	
	11	对自己讲责任	责任担当	我的责任我担当	
			认识自我	你了解你自己吗	
			目标制定	把握人生之舵	
	12	对集体讲责任	文明礼仪	文明礼仪共筑和谐校园	校园文化艺术节
		对社会讲责任	诚信教育	做一个诚实的人	
		对他人讲责任	宽容之心	学会宽容 一生笑容	
	1	对自己讲责任	善学乐学	学习加油站	
		对集体讲责任	班级文化	班级春节联欢晚会	
初一下	3	对自己讲责任	上期总结	春意日渐浓,扬帆正起航	拓展拉练
		对集体讲责任	雷锋精神	我与雷锋找差距	
		对环境讲责任	环境教育	同种一棵绿树,共建生态中国	
		对祖国讲责任	榜样激励	清明祭英魂,砥砺奋前行	
	4	对集体讲责任	融入集体	齐心协力 同舟共济	校庆、才艺展示
		对他人讲责任	人际关系	听见你的声音	
		对自己讲责任	情绪调节	让情绪"俯首称臣"	
	5	对社会讲责任	劳动教育	致敬劳动者,做敢担当的青年	
		对家庭讲责任	感恩母亲	感恩母亲 与爱同行	
		对自己讲责任	不慕虚荣	在我心中你最美	
			自我效能	时间都去哪儿了	
	6	对自己讲责任	童真乐趣	告别童年 拥抱青春	

续表

年级	月份	责任教育切入点	班会话题	班会标题	大型德育活动
初一下	6	对祖国讲责任	审美体悟	浓浓粽子香 悠悠端午情	
		对家庭讲责任	感恩父亲	成长路上感恩有您	
初二上	9	对自己讲责任	学年总结	"感动班级人物"年度颁奖会	
			理想励志	揣着理想 不必等流星	
		对他人讲责任	感恩老师	你鼓舞了我	
		对自己讲责任	青春期教育	迈好青春第一步	
	10	对社会讲责任	责任使命	勇担公民责任 履行学生职责	田径运动会
		对自己讲责任	自我认识	偶像伴我行	
		对环境讲责任	和谐共处	和谐共生是美丽中国的未来	
		对祖国讲责任	民族精神	奔流不息的民族魂	
	11	对自己讲责任	女生教育	做个优雅女生	
			男生教育	做个阳光男生	
			异性交往	相遇在花季	
			珍爱生命	让生命之花永恒	
	12		学习辅导	种棵知识树	校园文化艺术节
			耐挫磨砺	正视挫折 百折不挠	
			拼搏进取	生活，爱拼才会赢	
			手机使用	热爱运动，远离低头族	
	1		考试辅导	考试来了	
			新年憧憬	新年伊始早谋划	
初二下	3	对他人讲责任	同学互助	合作竞争出风采	拓展拉练
		对集体讲责任	言行文明	播种美言善行，收获和谐春风	

续表

年级	月份	责任教育切入点	班会话题	班会标题	大型德育活动
初二下	3	对他人讲责任	服务意识	我服务，我快乐	拓展拉练
	4	对集体讲责任	文明校园	拒绝暴力，还校园一片净土	校庆、才艺展示
			社会公德	爱护公共财产，珍惜生活环境	
		对社会讲责任	勤俭节约	俭以养德，简约生活	
	5	对他人讲责任	有效沟通	打开心灵的钥匙	
		对自己讲责任	执行品质	战胜拖延，即刻起航	
			勤学刻苦	行百里者半九十	
	6	对集体讲责任	仪式教育	六一集体生日仪式	
初三上	9	对自己讲责任	自尊自信	为成功之花插上自信的翅膀	
			励志教育	走进初三，青春无悔	
			专注高效	水滴石穿非一日之功	
			把握当下	我们的昨天、今天和明天	
	10	对集体讲责任	学法指导	学法经验交流大会	
			挫折教育	不经风雨怎能见彩虹	
		对自己讲责任	自立自强	自立自强演绎精彩人生	
	11		迎接挑战	挑战自我，超越自我	
			潜能激发	你能做到的，比想象多	
			人生规划	在选择中成长	
	12	对他人讲责任	同学情谊	谢谢你，记得我的好	
			爱要表达	知你是我，沟通你我	
初三下	3	对自己讲责任	坚定理想	最初的梦想	
			高效学习	今日事，今日毕	
			自我提升	三省吾身	

年级	月份	责任教育切入点	班会话题	班会标题	大型德育活动
初三下	4	对自己讲责任	应对压力	轻松备考,释放压力	校庆
			调整心态	为自己喝彩	
			中考辅导	中考,我要超常发挥	
	5	对集体讲责任	集体成长	我们一起走过的路	
			班级文化	我为班级写传记	
		对祖国讲责任	毕业仪式	筑梦致远,一起向未来	
	6	对自己讲责任	初高衔接	高中更加精彩	

表 5-2　高中责任教育主题活动

年级	月份	责任教育切入点	活动主题	班会标题	大型德育活动
高一上	9	对集体讲责任	建班话题	从此我们是一家人	人格教育
			规则意识	践行《守则》我先行	
			习惯养成	高中生活如何起航	
		对家庭讲责任	中秋节	团团圆圆过中秋	
	10	对祖国讲责任	国庆节	我们都是爱国者	田径运动会
		对家庭讲责任	家风	我的家风我的魂	
		对集体讲责任	文化建设	我们是一个伟大的团队	
			纪律民主	纪律是立班基石	
	11	对自己讲责任	高一学法	成功一定有好方法	
		对他人讲责任	人际关系	包容·欣赏·合作	
		对家庭讲责任	感恩节	我们了解自己的父母吗	
	12	对自己讲责任	挫折教育	做快乐的自己	校园文化艺术节
			生涯教育	做一名专业的学生	
			科学/文学启蒙	那些改变世界的科学家/文学家	

续表

年级	月份	责任教育切入点	活动主题	班会标题	大型德育活动
高一上	12	对自己讲责任	成长规划	你的成长关乎国家发展方向	校园文化艺术节
	1		期终动员	行百里者半九十	
			考前指导	期终考试学法指导	
高一下	3	对集体讲责任	班级规划	一年之计在于春	拓展拉练
		对社会讲责任	学雷锋话题	我身边的"美"	
		对他人讲责任	审美话题	让他人因我的存在而幸福	
		对环境讲责任	最美校园	爱护环境人人有责	
	4	对自己讲责任	男生教育	顶天立地做栋梁	校庆、才艺展示
			女生教育	做一个知性女孩	
			男女生交往	花开美丽莫折枝	
	5	对家庭讲责任	母亲节话题	妈妈不再年轻	
		对自己讲责任	安全教育	长大不容易	
	6	对自己讲责任	理想教育	为梦想而战	
		对环境讲责任	世界环境日	我们只有一个地球	
		对自己讲责任	感悟高考	高考离你并不远	
		对家庭讲责任	父亲节话题	世上不只妈妈好	
高二上	9	对自己讲责任	时间管理	时间都去哪儿了	军训
		对他人讲责任	教师节活动	我给老师颁个奖	
		对自己讲责任	专注认真	警惕假学习	
		对祖国讲责任	成长规划	你的成长关乎国家方向	
	10	对社会讲责任	英雄人物	时代弄潮儿	田径运动会
		对社会讲责任	中学生话题	世界上的同龄人	
		对自己讲责任	偶像崇拜	活出真我的风采	
		对社会讲责任	价值观话题	小时代与大时代	
	11	对自己讲责任	修养话题	君子慎独	
		对自己讲责任	性格气质	主要看气质	
		对他人讲责任	感恩节话题	常怀一颗感恩的心	

年级	月份	责任教育切入点	活动主题	班会标题	大型德育活动
高二上	12	对自己讲责任	专注品质	专注力	校园文化艺术节
		对自己讲责任	勤奋努力	期末复习话勤奋	
	1	对集体讲责任	班级总结	回望今年，且行且珍惜	
		对自己讲责任	临场策略	考试发挥有秘籍	
高二下	3	对自己讲责任	预习高三	高三早知道	拓展拉练
		对自己讲责任	班级提案	绝知此事要躬行	
		对集体讲责任	集体生日	集体生日会	
	4	对他人讲责任	沟通话题	有话好好说	校庆、才艺展示
		对自己讲责任	自信话题	自信，让你的生活鸟语花香	
		对自己讲责任	挫折教育	悦纳自己，直面挫折	
	5	对自己讲责任	人生规划	认清自我，规划人生	
		对自己讲责任	认识自己	做最好的自己	
		对自己讲责任	职业规划	多彩的职业人生	
	6	对自己讲责任	学习的意义	我为什么要学习	
		对自己讲责任	大学的意义	为什么要上大学	
		对自己讲责任	人生的选择	选择	
高三上	8	对自己讲责任	理想目标	活出名生范儿	
		对自己讲责任	走进高三	高三，从这里起航	
	9	对自己讲责任	实干话题	值得干的事	
		对自己讲责任	教师节	长大后我就成了你	
		对自己讲责任	心理辅导	战胜拖延	
	10	对祖国讲责任	品格修养	中国人的韧性	
		对自己讲责任	挫折教育	做个打不死的"小强"	
	11	对自己讲责任	享受孤独	孤独是思考的开始	
		对自己讲责任	激发潜能	无限相信自己的潜能	

续表

年级	月份	责任教育切入点	活动主题	班会标题	大型德育活动
高三上	12	对自己讲责任	梦想规划	将"吹过的牛皮"进行到底	
		对自己讲责任	拼搏奋斗	用嘴咬出来的希望	
	1	对自己讲责任	元旦贺词	让我们为自己喝彩	
		对自己讲责任	心理辅导	挑战极限我能行	
高三下	3	对自己讲责任	成长话题	向从前说拜拜	百日誓师
		对自己讲责任	责任话题	成人的意义	
	4	对自己讲责任	调整心态	好心态决定好状态	校庆
		对自己讲责任	愚人节话题	让愚公移山的精神照亮我们	
		对自己讲责任	考试辅导	高考,我要超常发挥	
	5	对自己讲责任	常规管理	做好常规待成功	成人礼
		对自己讲责任	心态调整	以幽默的态度对待生活	
		对自己讲责任	高考备考	揭开高考真面目	
	6	对自己讲责任	高考动员	勇敢面对人生	
		对自己讲责任	志愿填报	高考志愿填报指导	
		对自己讲责任	生活指导	让大学过得更精彩	

(2)扎实抓好主题班会课,不断提升学生认识水平。

学校每学期主要抓"七讲"中的其中一讲或两讲,设置专题进行细化,并要求各年级各班细化到每月甚至每周分成小专题进行学习。到月末,全校各年级各班集中召开主题班会,就某一专题进行集中学习教育。

学校组织制作主题班会教案(课程)模板,作为统一的操作模式,让主题班会的指向性、可操作性更强。在每个月的优秀主题班会评选中获选,将作为年度优秀班主任评选的必要条件之一。

表5-3　班会主题列举:责任教育"七讲"部分优选课件

班级	主题
初 2016 级 4 班	保护环境,爱护校园
高 2016 级 16 班	对自己负责
高 2016 级 7 班	寻找自己的榜样
高 2018 级 1 班	珍爱生命
高 2019 级 13 班	对自己的健康负责
高 2020 级 5 班	爱护校园,保护环境
初 2019 级 2 班	学会交往
初 2019 级 6 班	学习《弟子规》主题班会
高 2019 级 14 班	唤起寸草心,为报三春晖
高 2018 级 8 班	诚信友善
高 2018 级 12 班	食品安全主题班会
高 2018 级 15 班	对自己讲责任
高 2017 级 14 班	承担对集体的责任
高 2018 级 10 班	告别陋习,走向文明
高 2017 级 9 班	我和我的班集体
初 2017 级 4 班	我为集体做什么
高 2017 级 6 班	众人划桨开大船之个人与集体
高 2016 级 11 班	挑战自我
高 2019 级 3 班	对自己的尽快负责
高 2019 级 14 班	感恩教育

(3)充分发挥同伴教育作用。

学生良好行为习惯的养成不可能是一蹴而就的,肯定有违纪、犯错的时候,这也正是教育的最佳时机。但是怎样教育效果最好,就是一个教育智慧的问题。因此在重视老师常规教育的同时,要充分发挥同伴教育的作用,让同伴之间、小组组员之间、寝室室员之间互相产生正向的影响,目的就是以责任呼唤责任,以正能量提升正能量。

为此应做好以下方面工作:

第一,要十分注重周一朝会学生讲话的选题与质量,从学生的角度直陈出来他们所见所闻的校园文明与不文明现象,他们自己对此进行谈感受,发倡议,可以让所有师生都能受到教育与启迪;每个月的德育活动由校团委分配到相应班级,作为其在国旗下讲话的内容,可以使德育更有针对性和实效性。重要的德育活动则直接由校学生会主席上台发言,向全校学生发出倡议,譬如"爱护校园文明环境,从我做起"签名活动、"拒绝脏话"演讲及宣誓活动等。

近几年陆续开展了以下类型的主题升旗仪式:

"消防安全"主题升旗仪式;"心理宣传周"主题升旗仪式;"爱国卫生月"主题升旗仪式;"爱眼护眼"主题升旗仪式;"守则规范教育"主题升旗仪式;"庆国庆"主题升旗仪式;"学宪法、讲宪法"主题升旗仪式;"弘扬雷锋精神,构建和谐校园"主题升旗仪式;"清明祭英魂,砥砺奋前行"主题升旗仪式;"做诚信学生,建诚信班级,创诚信校园"主题升旗仪式;"反对浪费,厉行节约"主题升旗仪式。

第二,加强班级学习小组建设,加强学生日常行为规范考核和评优评先工作,进一步强化小组自身建设与同伴教育功能,增强教育的实效性。

第三,充分发挥校园广播站的作用,设置"德育活动大家谈"专栏,通过学生撰稿、投稿、收听等形式,高扬真善美,弘扬正能量,进一步净化学生心灵,提高学生思想认识。

第四,强化主题班会课的集中教育作用,让同伴之间建立良好的沟通与合作。每月一次的主题班会,可以让2个或以上小组的组员在班主任的带领下自行设计,自行组织,还可以依靠科任教师及家长的智慧。最终评比看哪个小组的设计更好,更具有实效性和针对性。

(4)讲求知行结合,强化"责任"的落实。

第一,不断加强学生基本行为规范的落实。这些基本行为规范包括语言文明、行为文明、心灵文明、环境文明等。例如,强调学生校服、发型、配饰的要求:校服穿着标准是"入眼即校服";发型标准要求男生短发,女生马尾辫;严禁学生戴任何配饰物。

第二,不断强化劳动教育。除教室、教学楼公区、厕所保洁等常规清洁外,学校还将校园清洁纳入学生劳动教育。将校园公区分为了六块,每天一个班值日,早上、中午、下午分组进行打扫和保洁,重点是早上第一节的清洁大扫除。该班同时还要负责食堂、小卖部以及教学楼各楼口的值日。学校安排老师和勤工俭学部的学生分别负责清洁与值日的考核。

第三,不断强化学生在食堂就餐的规范要求。要求学生有序排队,就餐后必须自觉收拾碗筷和清理桌面,给后来就餐的老师、同学留下一个干净整洁的就餐环境。

(5)多渠道开展社会实践活动,强化学生社会责任感。

学校组织和要求学生到敬老院去,慰问老人;到特殊教育学校去,开展"阳光助残"行动;到李家沱长江边去,捡拾垃圾;孝敬长辈,做力所能及的家务事;踊跃募捐,积极为他人献爱心;远足拉练,磨炼意志,陶冶性情;研学旅行,增长见识,培养兴趣。这些活动,虽说都是平常事,但几年做下来,可以极大丰富学生社会阅历,强化学生的社会责任感。

(6)加强舆论宣传,强化责任教育效果。

第一,加强氛围营造。校园理念墙专门贴刻"责任教育"目标,宣传橱窗专门开辟"责任教育"专栏,教室柱子、教学楼楼道、校园灯柱常年悬挂"责任教育"名言警句,校园电子显示屏常年宣传"责任教育"主题及名言警句。这一系列措施可以起到让"责任教育"的名言警句入脑、入心、入灵魂的效果。

第二,加强过程宣传。包括对整个"责任教育"体系的宣传,对每学期德育主题活动开展计划、活动过程的宣传,通过《给家长的一封信》对家长的宣传,校园广播站、校园橱窗对活动的宣传,通过校刊《墨韵》开展征文活动进行宣传,校园网、校园微信公众号对"责任教育"活动的集中宣传等。这些宣传活动的实施,充分起到了"弘扬真善美,提升精气神"的效果。

(7)建立激励机制。有活动必有记载,有活动必有考核。

学校每月对班级进行量化考核并授予优秀班级流动红旗,每学年评选优秀班主任并在绩效考核中加分(唯一加分项)。通过这些措施不断提醒学生时时严格要求自己,不断激发班主任持续强化常规管理,从而带动全校管理工作逐步上台阶,形成心齐、气顺、风正、劲足的良好局面。

(五)课程开发

1.确立课程理念

以培养"全面发展的人"为核心,以主题教育为载体,培养学生敬畏与珍爱、自律与成长、感恩与孝敬、尊重与帮助、守纪与协作、担当与报答、忠诚与奉献,提高学生社会责任感、创新精神和实践能力,培养学生意志品格,提升学生思想认识。

2.制订课程规划

认真做好情况分析,根据培养目标、学校(基地)特色、学生需求和可用资源,抓好顶层设计,制订实施方案。针对课程的不同特点,分课堂与课外分类实施,协调推进,相互促进。

3.统筹课程资源

发挥学校教师的专业特长和兴趣爱好,结合班级学生特点,统筹学校功能室、活动场地等校内场地设施,充分调动社区、社会资源,利用区域内自然、人文等潜在资源,开展内容丰富多彩、形式灵活多样的主题教育。

4.构建课程体系

从课程标准、课程资源、课程模块、课程项目、课程管理、课程评价等方面构建体现本校特色的课程体系。

(六)课程建设管理

1.制订课程计划

结合学校的课程规划和课程体系,认真制订社会实践课程实施计划,在规定的学年课时内合理安排课程任务。针对实施计划中的每一个主题活动,制订详细的主题课程方案,每个主题课程方案要求有明确的课程设计思路、课程类别、课程主题、课程实施场地、课程目标、实施学段、课程内容、课程评价,等等。根据学生情况、发展目标和教育资源,制订好课程规划,主要包括课程实施依据、课程设置体系、课程实施策略等方面。

2.强化课程指导

根据课程实施方案,编制课程指导手册,呈现课程目录,介绍各类课程开设年段、教学目标、主要内容、评价方法等。尊重学生个性发展,加强对各类型课程的指导。

3.强化课程管理

根据课程实施方案、课程指导手册、课程目标设计等各级各类的课程管理内容,以促进学生身心发展作为课程管理的核心要求,设计好课程研发、课程实施、课程评价三级课程管理方案,及时做好课程实施过程中的反馈、反思、调整和优化。

4.抓好过程组织

强化年级主任、班主任培训,不断提高年级主任、班主任参与课程设计、表达、组织、评价等方面的能力,不断提高年级主任、班主任的组织管理意识和组织管理能力。

5.做好课程反思

在加强课程动态管理的同时,做好课程动态反思,课程反思的维度包括课程设计思路、课程类别、课程主题、课程实施场地、课程目标、实施学段、课程内容、课程评价,等等。用系统化的反思做好课程监督及反馈。

(七)加强课程实施反馈,改革评价方式

1.过程评价和结果评价相结合

过程评价重在激励学生积极主动地参与学习,使他们的个性和潜能得到持续发展。结果评价侧重于学生某一方面的知识或技能是否取得进步,兴趣、爱好、特长是否得到培养,学习态度、意志品质、团队合作意识、实践创新能力等方面是否得以养成。

2.评价手段多样化

根据课程内容和学段特点,采用书面测试、口头表达、才艺展示、实验操作、探究记录、调查报告、作品展示、小论文撰写、特长认定等多种方法。相关学习成绩可用等级、评语、事件记录等形式表示,相关获奖成绩以加分形式作为班级当月量化的考核加分。

3.测评手段网络化

在做到评价手段多样化的同时,也可以利用信息技术,研发课程的网络资源平台及网络评价系统。

总之,要坚持激励性、多元化、互动性的评价原则,探索推进过程性评价、表现性评价和发展性评价,形成多形式、人本化的学生发展评价机制。要建立和实施学生综合性评价制度,全面、真实、客观地反映学生身心发展的状况和水平。

(八)实施步骤安排

1.第一阶段:启动准备阶段(2015.9-2016.7)

分析、挖掘责任教育内涵,组织召开专题会议,部署相关工作,制订实施方案,建立工作领导机构,建立主题教育专家指导团队,开展示范引领活动,初步构建巴南中学"责任教育"德育课程体系。

2.第二阶段:深入研究阶段(2016.9-2020.7)

开展系列培训活动,引导年级组在第一阶段的基础上独立自主创新性地开展活动,探索并逐步完善"责任教育"德育课程体系,定期召开交流研讨会。年级主任、德育处强化工作的检查监督,按学期收集阶段性的成果、资料。

3.第三阶段:全面总结阶段(2020.8-2022.12)

开展项目阶段性总结工作,总结经验,表彰先进。收集整理各阶段课程体系建设、改革的课程文本、案例、论文、图片、视频等资料,编辑成册,形成成果集。借助多种平台,宣传推广项目成果。积极申报市、区级专项课题,组织精干队伍加强课题研究。

(九)保障措施

1.组织保障

成立以校长为组长,德育副校长为副组长,德育处、各年级主任为成员的领导小组,下设办公室在德育处,组建专家指导小组。领导小组主要责任是制订课程改革实施意见,统筹规划和全面部署基于德育课程建设改革的各项工作,指导、检查工作计划的制订、实施、评价等相关工作。制订全应急预案,建立安全保障举措和安全责任报告制度。在领导小组的管理下,学校不定期组织开展课程实施交流学习活动,开展示范引领与观摩活动,开展专题研究活动,及时总结和推广典型经验,解决疑难问题,以利于更好地推进方案实施。

2. 实施保障

立足学生身心发展,根据学校实际,安排时间,组织校内外各种体验活动和社会实践活动,并为德育提供必需的课程实施保障。切实加强实践课程的人力保障,多渠道、多途径开展课程建设,加强专项培训,提高年级主任、班主任的课程开发能力;完善学校管理制度,最大限度地调动教师参与课程建设的积极性、主动性和创造性。同时还要做好课程实施过程中的安全保障工作。

3. 管理保障

一方面切实加强活动管理,保障活动有序开展。另一方面切实加强各类活动档案资料的管理,包括工作计划、主题活动方案、相关会议记录、活动照片影像资料、总结材料、评选表彰资料、家长反馈资料、学生评价资料等。活动组织者要树立自觉收集活动资料并进行资料管理的意识,要明白其对于提高水平、总结经验、开展科研、迎接检查等的重要意义。

4. 宣传保障

一方面加强氛围营造,校园各处都能看到"责任教育"的名言警句等内容;另一方面加强过程宣传,利用多平台、多渠道、多种方式,对"责任教育"的体系、活动、意义等进行广泛宣传。

5. 安全保障

加强组织领导,严格安全责任和安全岗位管理,防患于未然。校内活动,组织活动的相关教师必须全程在场,确保学生活动的安全。校外各种社会实践活动,必须制订详细的安全管理方案。

6. 评价保障

进一步完善相关督导评估指标,建立学校德育课程建设评价激励机制。其中,着重完善班主任考核评价制度,将班主任参与学校德育课程建设与实施情况作为月考核、年终绩效考核和评职评优的重要指标。

第四节　重庆市巴南中学校责任教育成效总结

巴南中学实施"责任教育"的这几年,可以说成效显著。今天的巴南中学,学生文明守纪,着装规范,健康活泼,阳光向上,自律意识和责任意识大为增强;校园干净整洁,窗明几净;学校信誉度和美誉度显著提升。教职工各负其责、爱岗敬业,并成为学校责任教育与责任管理的积极建言者、参与者与监督者;学校管理干部本着对学生、教师、学校发展高度负责的精神,在学校的常规管理工作和教育教学改革重点工作中攻坚克难、自强不息,既各司其职,又通力配合,团结带领全体师生,协调家长、社区、上级等各教育相关方,形成教育合力,逐步使学校达成"事事有人负责、人人都有责任"的责任管理目标,推动学校持续稳定发展,促进师生发展进步。

经过几年的不断努力探索和实践积累,学校办学成绩斐然,教育教学质量不断提高,社会美誉度不断攀升。而"责任教育"的实施,把"责任"的种子扎根于巴南中学每个师生的心中,它不仅是一种理念,一种文化,更是巴南中学人深入骨髓、融入灵魂的精神。现在,每一位巴南中学人,都在用"守责立身"的诺言,书写着责任教育最美的诗篇。

附件一:重庆市巴南中学校责任教育"七讲"内涵及工作方案

学校德育工作应当以"爱"为起点,以"美"为终点。巴南中学将"责任教育"作为自己的办学特色,就是秉承"爱育天下,美德众生"这一德育的准则,把"为社会培养有责任心的人"作为学校的学生发展目标。

我们认为,学校要培养学生的责任意识,须以"七讲"为抓手,通过丰富多彩的形式,坚持不懈地努力,培养学生多方面的责任心。

一、"七讲"的具体内涵

1.对自己讲责任,做一名积极进取的人

2.对家庭讲责任,做一名孝敬长辈的人

3.对他人讲责任,做一名团结互助的人

4.对集体讲责任,做一名热爱集体的人

5.对环境讲责任,做一名爱护环境的人

6.对社会讲责任,做一名服务社会的人

7.对祖国讲责任,做一名立志报国的人

为此,学校每学期将以其中一讲或两讲为中心开展相关的德育活动,进一步提升学生的文明素养和德性修养,以德树人,育德塑魂。

二、责任教育"七讲"内涵解读

1.对自己讲责任,做一名积极进取的人

所谓"修身、齐家、治国、平天下"。修身为本,人应首先学会对自己负责,约束自己的不良习惯,完善自己的德行,掌握科学知识,提高自我管理能力,拥有健康心理和强健体魄,在成长中丰富自己的内涵,铸就自尊、自强、自信的能力,担当起更多的人生责任。

2.对家庭讲责任,做一名孝敬长辈的人

一个对父母长辈都不能心存敬意和感激的人,很难想象他可以造福社会。父母给予我们生命,养育我们长大,教育我们成人。在家庭中要学会感激,学会珍惜,学会孝敬,提升自己对父母、对家庭的责任感。有一份感恩就会增加一份社会责任感,有一份敬意就会增加一份前进的动力。

3.对他人讲责任,做一名团结互助的人

对他人讲责任,首先应该学会尊重。尊重他人不仅仅是一种美德,更是一种大爱,是一种交往的艺术。尊重他人,方显真诚,"心诚求之",才有心与心的交流,才有理解与沟通;尊重他人,是大爱伊始,大爱无疆,才能让师生和睦、同学融洽,才能让周围的环境更加的温暖与和谐。在尊重的基础上,帮助他人,关爱他人,才是真正地为他人负责。

4.对集体讲责任,做一名热爱集体的人

"一滴水只有汇入大海才不会干涸"。班级、学校是学生学习生活的集体,与学生成长息息相关。学生自己的成长、进步离不开集体的关怀、帮助和影响,集体的发展、兴盛需要每个成员的关心、努力和协作。在团体生活中,要以"团体兴旺"为责任,热爱集体,遵守纪律,团结合作,求大同存小异,维护集体的荣誉和利益。

5.对环境讲责任,做一名爱护环境的人

我们生活在同一个地球,一切物种都平等地享受着地球母亲带给我们的阳光、雨水。敬畏生命、敬畏自然,珍惜我们的生命之源。要提高环境危机意识,在高科技带给我们方便的同时,保护好我们的自然环境,确保全球可持续发展。在思考和采取行动前,要时刻以人类和生命的发展为前提,珍爱我们的大地、珍爱我们的地球母亲。

6.对社会讲责任,做一名服务社会的人

作为社会中的一员,要遵守社会公德,增强服务社会的意识,强化公民素质,自觉维护民主与法治、自由与平等、公平与正义,在促进和谐文明的社会风尚中有所担当;要积极参加社会实践,把学到的知识技能应用于实践活动中,应用到平常的劳动当中,珍惜来之不易的幸福生活,以一颗感恩的心回报社会。

7.对祖国讲责任,做一名立志报国的人

学生要学会继承中华民族优良传统,培养爱家爱国的责任意识。要忠于自己的祖国,勇于奉献,敢于担当。意识到自身肩负着实现中华民族伟大复兴的重大历史使命,今天的学习同明天的国家建设紧密相连,个人的前途同国家的命运紧密相连。意识到当今全球竞争的激烈,作为一名现代的在校学生,应该为中华民族在激烈竞争中取胜而作出努力和贡献。

三、德育"七讲"具体工作方案参考

(1)名言引路,重记忆。

(2)班会课通过播放钱文忠解读《弟子规》视频,引导学生反思、对比,促进学生养成仁孝、友爱等正确的观念,同时要求背诵《弟子规》。

《弟子规》背诵,每周40句。(时间:一学期)

(3)和学生一起阅读柏杨《丑陋的中国人》相关章节,引导学生守美思丑,反思体味,不断提升自己的价值判断力,规范自身行为。(时间:一学期)

(4)通过阅读《二十四孝故事》,让学生思考体味,不断提升对孝道的理解。

(5)对比阅读"感动中国"的美丽故事与现实世界的丑陋故事,引发学生思考:应当如何立身处世。(时间:一学期)

主题活动方案及思路列举(见图5-1,图5-2,图5-3,图5-4):

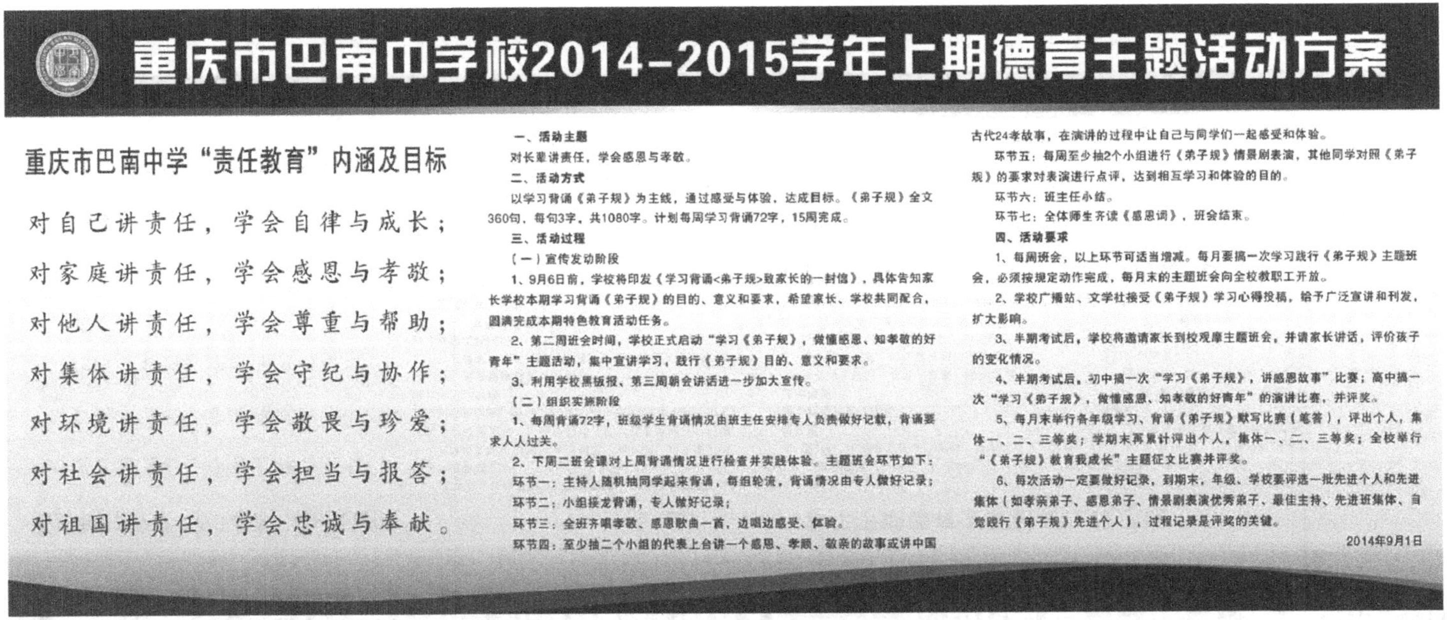

重庆市巴南中学2014—2015学年上期德育主题活动方案

重庆市巴南中学"责任教育"内涵及目标

对自己讲责任，学会自律与成长；

对家庭讲责任，学会感恩与孝敬；

对他人讲责任，学会尊重与帮助；

对集体讲责任，学会守纪与协作；

对环境讲责任，学会敬畏与珍爱；

对社会讲责任，学会担当与报答；

对祖国讲责任，学会忠诚与奉献。

一、活动主题

对长辈讲责任，学会感恩与孝敬。

二、活动方案

以《学习背诵《弟子规》》为主线，通过感受与体验，达成目标。

360句，每段3字，共1080字，计划每周学习背诵72字，15周完成。

三、活动过程

（一）首传发动阶段

1、9月6日前，学校将印发《学习背诵弟子规致家长的一封信》，具体告知家长学校本期该本主题特色的教育活动任务。

圆满完成本期特色德育活动任务。

2、下周二部全体同学上周背诵情况进行省查并实施体验。主题班会环节学习"青年"主题活动，集中宣讲学习，行行《弟子规》，养成意义和要求。

3、利用学校新媒体、第三期晨会谈话进一步加大宣传。

（二）组织实施阶段

1、每周第72节，由班会学生持续情况由班主任安排专人负责做好记录、育落要求人人达标。

2、下周二部《弟子规》学习、宣诵《弟子规》目的、意义和要求。

环节一：主持人通过讲述《弟子规》，行行《弟子规》，意义和要求。

环节二：小组互推学习，行行《弟子规》学习，意义和要求；

环节三：全班齐诵全背诵，感悟职责，专人做好记录。

环节四：至少抽2个小组的代表上台讲一个感悟、体验，感受自己在诵读中国

古代24本故事，在演讲的过程中让自己与同学们一起感受和体验。

环节五：每周至少抽2个小组进行点评、《弟子规》情景剧演、其他同学对照《弟子规》的要求对来演进行点赞，达到相互学习和体验的目的。

环节六：全体师生齐诵《感恩词》，班会结束。

四、活动要求

1、每周诵会，以上环节可适当增减，每月要围绕一次学习践行《弟子规》主题班会，必须按规定时间完成，每月末的主题班会向全校做职工开放。

2、学校广播站，文字社报要《弟子规》学习的好素材，给予广泛宣传和利用，扩大影响。

3、半期每月班主任带头到校视察主题班会，并请家长讲话，评价孩子的变化情况。

4、半期试后，初中第一次"学习《弟子规》"比赛；高中第一次"学习《弟子规》"做智我最优者；如实数的好青年"的演讲比赛、并评选。

一、二、三等奖（每子规》学期末再评评出个人、集体一、二、三等奖）做智我最优个人、班级一、二、三等奖；全校举行"学《弟子规》"和争优主题优比赛并评定。

5、每月末对各年级学习、背诵《弟子规》学习的做好个人、评出个人、集体一、二、三等奖，做好各做好评语、到期末、年级、学校每次评语—批次这个人和先进集体、先进班集体，自发践行《弟子规》先进个人，过程记录是评奖的关键。

6、每次活动一定要做好孩子、思想表、孩思想表、情景剧演波零孩子、最佳主持、最佳讲诵人；

激励《弟子规》先进个人，过程记录是评奖的关键。

2014年9月1日

图5-1　2014—2015学年上期主题活动方案

重庆市巴南中学校2014—2015学年下期德育主题工作思路

重庆市巴南中学"责任教育"内涵及目标

对自己讲责任，学会自律与成长；

对家庭讲责任，学会感恩与孝敬；

对他人讲责任，学会尊重与帮助；

对集体讲责任，学会守纪与协作；

对环境讲责任，学会敬畏与珍爱；

对社会讲责任，学会担当与报答；

对祖国讲责任，学会忠诚与奉献。

2014—2015学年下期主题教育工作思路

本学期全校德育活动主题是：对他人讲责任。会主要与帮助。

"对他人"可以细分为对同学、对老师、对长辈、对陌生人等。结合学校德育教育活动的及校园文化未来，时预热活动，特制定在本期末，特制定本校2014—2015学年下期德育主题教育工作思路。

一、三月份主题教育活动：

三月是国家文明礼貌教育月，又是学校德育教育，固定设定两项活动。

（一）文明礼貌月教育

主题是：知礼、懂礼、有礼。

活动形式：集中学习为中学生需要掌握的日常礼仪规范以及待人接物的基本要求。

活动形式：

1. 名言引领。

2. 故事引导。

3. 具体过程：要求学生在校日常礼仪规范，如穿着、进办公室礼仪、上课礼仪、对待老师正来宾的礼仪、会议及就餐的庄重仪及礼仪等。

4. 主题班会：围绕中学生日常礼仪规范以及待人接物的内容。

（二）学雷锋活动

本要求演练。

主题：知道雷锋（名言、故事、领袖题词）。学做好事。

活动形式：雷锋精神

活动内容：雷锋精神

1. 知雷锋（日记、名言、故事、领袖题词）；

2. 学雷锋（反思、讨论雷锋精神的实质、小组成好人）；以及

3. 做好事：做一件好事（实体、实践）；以及

4. 黑板报形式进行宣传动记录。

含、主题班会：初中以"学雷锋、做好事"报告会形式呈现。讨论开展雷锋活动——当今时代不需要雷锋了吗？

主题：爱零、信任、帮助。

活动形式：

1. 名言引领。

2. 故事引导。

3. 具体过程：图块同学关系。

怎样正确处理同学关系，引导学生思考为。

引导学生思考、怎样正确处理同学关系，任（真诚、信任、帮助）。

三、五月份主题教育活动是对残疾人、老年人、陌生人讲责任，尽力所能。

主题词：爱心、感恩、行动。

活动内容：做一个有爱心、懂感恩的人，做一些公益事务。

活动形式：

1. 名言、歌为引领。

2. 故事引导。

3. 具体过程。

为什么要关爱残疾人及残疾人、当今社会残疾人、残疾人爱残疾人、关爱残疾人及残疾人活动会介绍。

爱心要具体在行动，全校学生学习家庭心得及亲校本（街上老年人身份、外滩展最最故、关键的惊作用大。

二O一五年二月二十六日

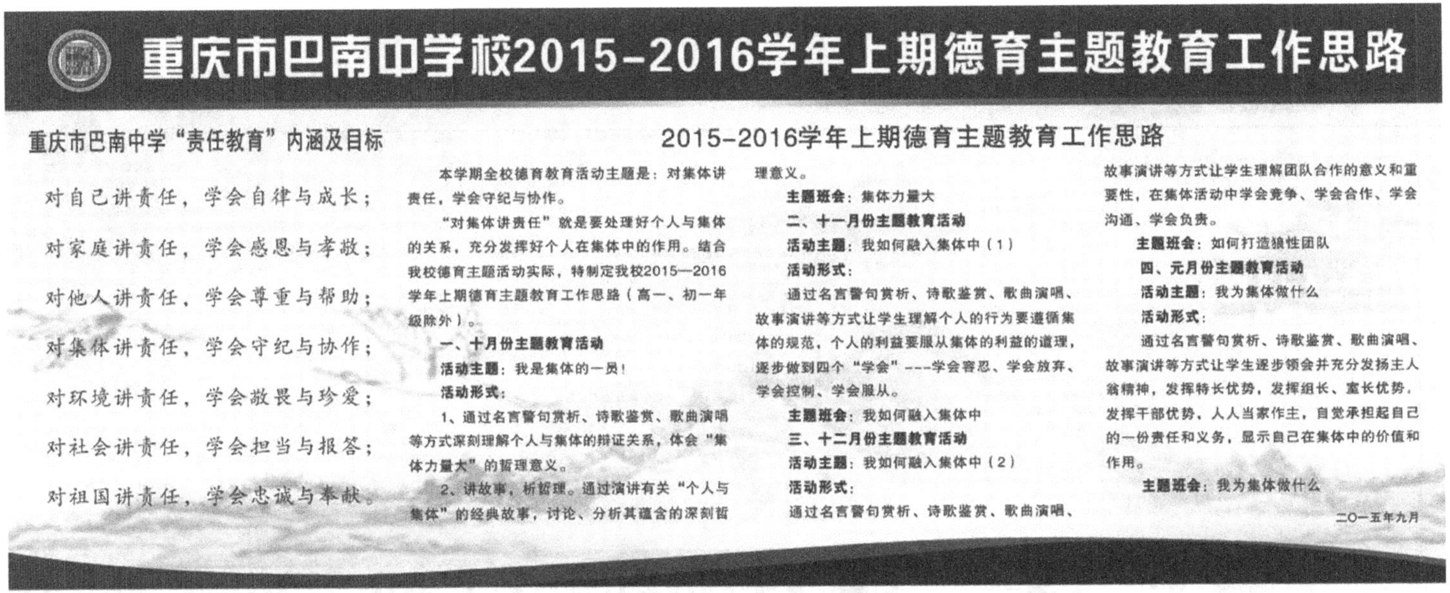
重庆市巴南中学校2015-2016学年上期德育主题教育工作思路
重庆市巴南中学“责任教育”内涵及目标
对自己讲责任，学会自律与成长；
对家庭讲责任，学会感恩与孝敬；
对他人讲责任，学会尊重与帮助；
对集体讲责任，学会守纪与协作；
对环境讲责任，学会敬畏与珍爱；
对社会讲责任，学会担当与报答；
对祖国讲责任，学会忠诚与奉献。
2015-2016学年上期德育主题教育工作思路
本学期全校德育教育活动主题是：对集体讲责任，学会守纪与协作。
“对集体讲责任”就是要处理好个人与集体的关系，充分发挥好个人在集体中的作用。结合我校德育主题活动实际，特制定我校2015—2016学年上期德育主题教育工作思路（高一、初一年级除外）。
一、十月份主题教育活动
活动主题：我是集体的一员！
活动形式：
1、通过名言警句赏析、诗歌鉴赏、歌曲演唱等方式深刻理解个人与集体的辩证关系，体会“集体力量大”的哲理意义。
2、讲故事，析哲理。通过演讲有关“个人与集体”的经典故事，讨论、分析其蕴含的深刻哲理意义。
主题班会：集体力量大
二、十一月份主题教育活动
活动主题：我如何融入集体中（1）
活动形式：
通过名言警句赏析、诗歌鉴赏、歌曲演唱、故事演讲等方式让学生理解个人的行为要遵循集体的规范，个人的利益要服从集体的利益的道理，逐步做到四个“学会”---学会容忍、学会放弃、学会控制、学会服从。
主题班会：我如何融入集体中
三、十二月份主题教育活动
活动主题：我如何融入集体中（2）
活动形式：
通过名言警句赏析、诗歌鉴赏、歌曲演唱、故事演讲等方式让学生理解团队合作的意义和重要性，在集体活动中学会竞争、学会合作、学会沟通、学会负责。
主题班会：如何打造狼性团队
四、元月份主题教育活动
活动主题：我为集体做什么
活动形式：
通过名言警句赏析、诗歌鉴赏、歌曲演唱、故事演讲等方式让学生逐步领会并充分发扬主人翁精神，发挥特长优势，发挥组长、室长优势，发挥干部优势，人人当家作主，自觉承担起自己的一份责任和义务，显示自己在集体中的价值和作用。
主题班会：我为集体做什么
二〇一五年九月

图5-3　2015—2016学年上期主题教育工作思路

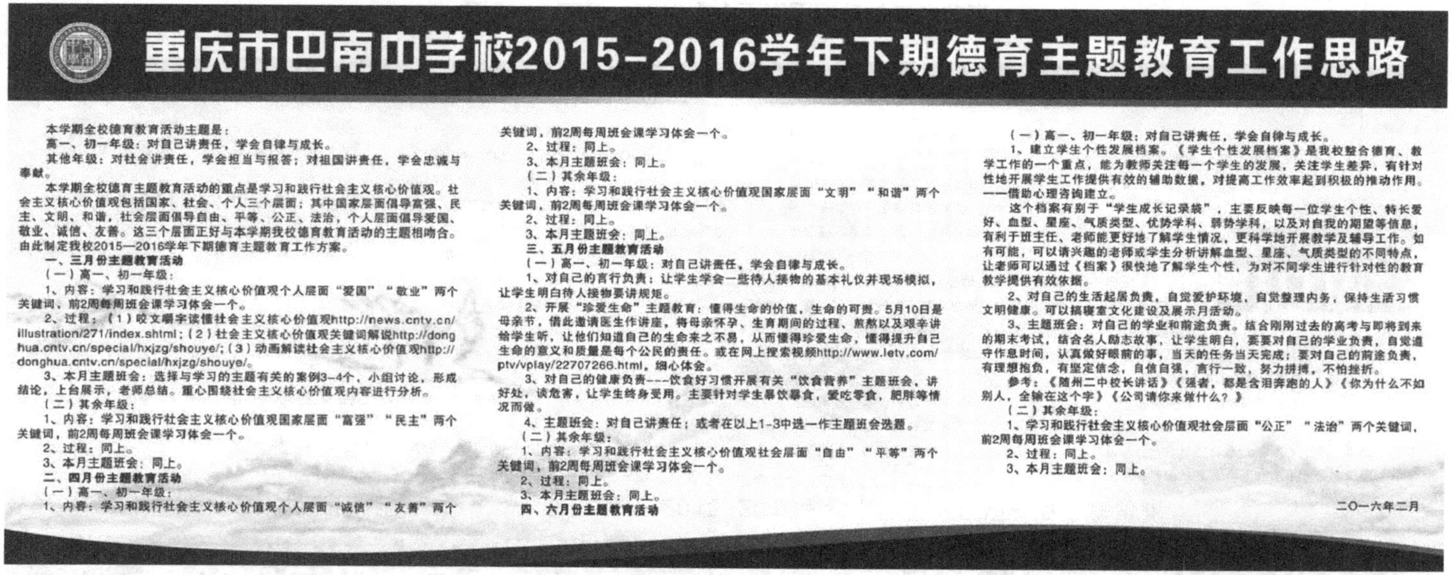

重庆市巴南中学校2015-2016学年下期德育主题教育工作思路

本学期全校德育教育活动主题是：

高一、初一年级：对自己讲责任，学会自律与成长。

其他年级：对社会讲责任，学会担当与报答；对祖国讲责任，学会忠诚与奉献。

本学期全校德育主题教育活动的重点是学习和践行社会主义核心价值观。社会主义核心价值观包括国家、社会、个人三个层面；其中国家层面倡导富强、民主、文明、和谐，社会层面倡导自由、平等、公正、法治，个人层面倡导爱国、敬业、诚信、友善。这三个层面正好与本学期我校德育教育活动的主题相吻合。由此制定我校2015—2016学年下期德育主题教育工作方案。

一、三月份主题教育活动

（一）高一、初一年级：

1、内容：学习和践行社会主义核心价值观个人层面“爱国”“敬业”两个关键词，前2周每周班会课学习体会一个。

2、过程：（1）咬文嚼字读懂社会主义核心价值观http://news.cntv.cn/illustration/271/index.shtml；（2）社会主义核心价值观关键词解说http://donghua.cntv.cn/special/hxjzg/shouye/;（3）动画解读社会主义核心价值观http://donghua.cntv.cn/special/hxjzg/shouye/。

3、本月主题班会：选择与学习的主题有关的案例3-4个，小组讨论，形成结论，上台展示，老师总结。重心围绕社会主义核心价值观内容进行分析。

（二）其余年级：

1、内容：学习和践行社会主义核心价值观国家层面“富强”“民主”两个关键词，前2周每周班会课学习体会一个。

2、过程：同上。

3、本月主题班会：同上。

二、四月份主题教育活动

（一）高一、初一年级：

1、内容：学习和践行社会主义核心价值观个人层面“诚信”“友善”两个关键词，前2周每周班会课学习体会一个。

2、过程：同上。

3、本月主题班会：同上。

（二）其余年级：

1、内容：学习和践行社会主义核心价值观国家层面“文明”“和谐”两个关键词，前2周每周班会课学习体会一个。

2、过程：同上。

3、本月主题班会：同上。

三、五月份主题教育活动

（一）高一、初一年级：对自己讲责任，学会自律与成长。

1、对自己的言行负责：让学生学会一些待人接物的基本礼仪并现场模拟，让学生明白待人接物要讲规矩。

2、开展“珍爱生命”主题教育：懂得生命的价值，生命的可贵。5月10日是母亲节，借此邀请医生作讲座，将母亲怀孕、生育期间的过程、煎熬以及艰辛讲给学生听，让他们知道自己的生命来之不易，从而懂得珍爱生命，懂得提升自己生命的意义和质量是每个公民的责任。或在网上搜索视频http://www.letv.com/ptv/vplay/22707266.html，细心体会。

3、对自己的健康负责---饮食好习惯开展有关“饮食营养”主题班会，讲好处，谈危害，让学生终身受用。主要针对学生暴饮暴食，爱吃零食，肥胖等情况而做。

4、主题班会：对自己讲责任；或者在以上1-3中选一作主题班会选题。

（二）其余年级：

1、内容：学习和践行社会主义核心价值观社会层面“自由”“平等”两个关键词，前2周每周班会课学习体会一个。

2、过程：同上。

3、本月主题班会：同上。

四、六月份主题教育活动

（一）高一、初一年级：对自己讲责任，学会自律与成长。

1、建立学生个性发展档案。《学生个性发展档案》是我校整合德育、教学工作的一个重点，能为教师关注每一个学生的发展，关注学生差异，有针对性地开展学生工作提供有效的辅助数据，对提高工作效率起到积极的推动作用。——借助心理咨询建立。

这个档案有别于“学生成长记录袋”，主要反映每一位学生个性、特长爱好、血型、星座、气质类型、优势学科、弱势学科，以及对自我的期望等信息，有利于班主任、老师能更好地了解学生情况，更科学地开展教学及辅导工作。如有可能，可以请兴趣的老师或学生分析讲解血型、星座、气质类型的不同特点，让老师可以通过《档案》很快地了解学生个性，为对不同学生进行针对性的教育教学提供有效依据。

2、对自己的生活起居负责，自觉爱护环境，自觉整理内务，保持生活习惯文明健康。可以搞寝室文化建设及展示月活动。

3、主题班会：对自己的学业和前途负责。结合刚刚过去的高考与即将到来的期末考试，结合名人励志故事，让学生明白，要要对自己的学业负责，自觉遵守作息时间，认真做好眼前的事，当天的任务当天完成；要对自己的前途负责，有理想抱负，有坚定信念，自信自强，言行一致，努力拼搏，不怕挫折。

参考：《随州二中校长讲话》《强者，都是含泪奔跑的人》《你为什么不如别人，全输在这个字》《公司请你来做什么？》

（二）其余年级：

1、学习和践行社会主义核心价值观社会层面“公正”“法治”两个关键词，前2周每周班会课学习体会一个。

2、过程：同上。

3、本月主题班会：同上。

二〇一六年二月

图5-4　2015—2016学年下期主题教育工作思路

附件二：重庆市巴南中学校责任教育"七讲"课程内容

第一讲 对环境讲责任：敬畏与珍爱

(一)课时一：全班集中学习文件

环节一,幻灯片展示学生在学校乱丢乱扔乱抛的现象;在食堂不按秩序排队,用餐后不收拾碗筷,不清理桌面的情况;在校园内采摘花朵的情况。然后请同学们思考,以上这些行为自己是否也做过,对还是不对,为什么?

环节二,学习《重庆市巴南中学关于加强学校环境文明建设的意见》。

环节三,针对校学生会主席在周一朝会上发起的"爱护校园文明环境,从我做起"倡议以及全校学生集体签名活动,请学生谈谈自己的认识和感想,包括对学校目前的教室、寝室、食堂、校园环境感觉如何,是否需要改进,学生自己应该如何做等内容。

环节四,班主任总结。

(二)课时二：加强食堂就餐文明

环节一,重点学习《重庆市巴南中学关于加强学校环境文明建设的意见》中关于食堂就餐文明的要求。

环节二,各小组归纳食堂就餐文明要注意哪些点,如饭前要排队打饭;饭中文明就餐,不高声喧哗;饭后自觉收拾碗筷,自觉将桌面清理干净等。

环节三,情景剧欣赏。观看同学们编排的食堂就餐情景剧。在观看的同时,请思考:剧中同学的行为有哪些不符合就餐文明的要求?

环节四,小组分析讨论汇总,上台展示。

环节五,展示文明就餐的照片、视频,让同学们在观看中学习与反省。

环节六,班主任总结。

(三)课时三：制止在校园乱丢乱扔乱抛

环节一,重点学习《重庆市巴南中学关于加强学校环境文明建设的意见》

中关于制止在校园乱丢乱扔乱抛的要求。

环节二,各小组思考:在校园乱丢乱扔乱抛好不好? 为什么会出现乱丢乱扔乱抛的情况? 发现有同学乱丢乱扔乱抛你会怎么办?

环节三,情景剧欣赏。观看同学们编排的情景剧。在观看的同时,请思考:剧中同学的行为有哪些不符合校园文明的要求? 正确的做法应该是什么?

环节四,小组分析讨论汇总,上台展示。

环节五,展示校园里不乱丢乱扔乱抛的文明行为照片、视频,让同学们在观看中学习与反省。

环节六,班主任总结。

(四)课时四:严禁带饭食进学校,带零食进教学楼

环节一,重点学习《重庆市巴南中学关于加强学校环境文明建设的意见》中关于严禁带饭食进学校,带零食进教学楼的要求。

环节二,对比书房与厨房、教室与运动场、教室与食堂三组概念,指出它们各自的功用。然后思考能不能带零食进教室,有什么不良后果等。

环节三,情景剧欣赏。观看同学们编排的情景剧。在观看的同时,请思考:剧中同学的哪些行为与"严禁带饭食进学校,带零食进教学楼"的要求相违背?

环节四,小组分析讨论汇总,上台展示。

环节五,展示学生在教室读书、学习的照片和在食堂就餐保持良好秩序的照片,同时展示学生违规带熟食进校和在教室吃零食被抓的狼狈相的视频,让同学们在观看中学习与反省。

环节六,班主任总结。

第二讲　对自己讲责任:自律与成长

一、内涵分解

我要对自己讲责任,学会自律与成长。

我要对自己的生命负责,珍惜生命,敬畏生命,尊重生命,不做危险的事

情,注意自身安全。

我要对自己的健康负责,积极锻炼,预防疾病,注意饮食卫生,培养良好的生活习惯。

我要对自己的学业负责,自觉遵守作息时间,认真做好眼前的事,当天的任务当天完成。

我要对自己的言行负责,不说脏话,自尊自爱,严于律己,宽以待人,遵守校规校纪,遵守法律法规,遵守社会公德。

我要对自己的生活起居负责,自觉爱护环境,自觉整理内务,保持生活习惯文明健康。

我要对自己的前途负责,有理想抱负,有坚定信念,自信自强,言行一致,努力拼搏,不怕挫折。

二、具体实施内容

(一)课时一:对自己的言行负责

让学生学会一些待人接物的基本礼仪并现场模拟,让学生明白待人接物要讲规矩,特别注意不要讲脏话。

参考资料:

《中华礼仪用语》、《待人接物基本礼仪》、《社交礼仪技巧》、《快乐礼仪》(光盘)。

(二)课时二:开展"珍爱生命"主题教育

让学生懂得生命的价值,生命的可贵。5月10日是母亲节,借此可邀请医生做专题讲座,将一个母亲怀孕、生育过程中的煎熬和艰辛讲给学生听,让他们知道自己的生命来之不易,从而懂得珍爱生命,懂得提升自己生命的质量是每个公民的责任。

参考资料:

①视频《献给母亲的沙画》。

②视频《7分钟感恩父母》。

(三)课时三：对自己的健康负责

开展有关"饮食营养"主题班会，引导学生养成饮食好习惯，讲好处，谈危害，让学生终身受用。主要针对学生暴饮暴食、爱吃零食、肥胖等情况而开展。

参考资料：

①"对自己的健康负责"课件。

②请心理健康教师做"对自己的健康负责"讲座。

(四)课时四：建立学生生涯规划发展档案

《学生生涯规划发展档案》是我校整合德育、教学工作的一个重点，能为教师关注每一个学生的发展，关注学生差异，有针对性地开展学生工作提供有效的辅助数据，对提高工作效率起到积极的推动作用。此档案借助心理咨询而建立。

这个档案有别于"学生成长记录袋"，主要反映每一位学生的个性、特长爱好、血型、气质类型、优势学科、弱势学科，以及学生对自我的期望、未来职业趋向等情况，有利于班主任、老师更好地了解学生情况，更科学地开展教学及辅导工作。如有可能，还可以请专家分析讲解血型、气质类型的不同特点，再请学校心理健康教师进行量表测试，将数据记入档案，这样老师就可以通过《学生生涯规划发展档案》很快了解学生的个性，为对不同学生进行针对性教育教学提供有效依据。

(五)课时五：对自己的生活起居负责

自觉爱护环境，自觉整理内务，保持生活习惯文明健康。学校可以组织寝室文化建设及展示月活动。

(六)课时六：对自己的学业和前途负责

结合高考与各种学期内的考试，结合名人励志故事，让学生明白，要对自己的学业负责，自觉遵守作息时间，认真做好眼前的事，当天的任务当天完成；要对自己的前途负责，有理想抱负，有坚定信念，自信自强，言行一致，努力拼搏，不怕挫折。

参考资料：

《随州二中校长讲话》《强者，都是含泪奔跑的人》《你为什么不如别人，全输在这个字》《公司请你来做什么？》等作品。

第三讲　对长辈讲责任：感恩与孝敬课程

一、思路设计

要求学生背诵《弟子规》，回家后对照践行，让学生知行结合，学与做结合，进一步明白自己的责任，认识到"感恩与孝敬"的真正内涵。

二、课程设置

(一)课时一：学习、背诵《弟子规》的"入则孝"选段

环节一，背诵接龙。每小组派一名同学作代表，背诵《弟子规——入则孝》其中四句，第一小组背完四句后，第二小组的同学接着背下面四句，依次进行。背诵情况由专人做好记录。

环节二，全班齐唱有关孝敬、感恩的歌曲一首，边唱边感受、体验。或者由主持人(教师指定学生)诵读一篇(首)感恩孝亲的优美散文(诗歌)，营造氛围。

歌曲选择：《时间都去哪儿啦》《烛光里的妈妈》《儿行千里》。

诗文选择：舒婷《啊，母亲！》、冰心《纸船》、张世伟《父母恩情——写给天下的父母》、杜景华《平凡的一生》、邹韬奋《我的母亲》。

环节三，教师带领学生一起欣赏《弟子规——入则孝》情景剧。

在观看的同时，教师引导学生思考：剧中的孩子的行为符合《弟子规——入则孝》的要求吗？表演结束后，教师引导学生对照《弟子规——入则孝》的要求，指出剧中不当行为。

环节四，幻灯片播放《父母的艰辛》，然后请同学们讲或写《爸爸妈妈，我想对你说……》。

环节五，费用计算。

从一本课外读物导入新课。

教师发起话题："同学们知道《管理学》中的效益原理吗？"。

"所谓效益原理是指经济组织作为商品生产者和经营者,必须以尽量少的生产成本,生产出尽可能多的符合社会需要的产品。"

"同理,对于培养学生而言,家庭、学校、社会也必须以尽量少的成本,培养出尽可能多或尽可能优质的符合社会需要的人才。这里就有一个"成本"问题,下面请同学们好好计算一下,计算过去一年来家庭为培养自己所支付的费用、学校所作出的努力、社会所付出的投入。"

组织学生进行课堂讨论:

(1)教师引导学生进行费用计算(建议从以下几个方面入手):

①计算过去一年家庭为培养你总共花费了多少钱?

②你家一年有多少收入? 这些收入的来源渠道是什么?

③一年来父母为你支付的费用与家庭实际收入相比,是有结余还是会造成负债? 结余多少或负债多少?

④通过算账,大家认真想一想父母为你承担了多少经济压力和精神压力。

(2)教师引导学生对照自己仔细想一想:

①培养子女是家长的一种义务,那么子女的首要责任是什么呢?(努力学习)

②自己学习态度怎样,是否对得起家长?

(3)教师引导学生对父母为其支付的费用进行具体分析。

①哪些是该花的钱?

②哪些是可花可不花的钱?

③哪些是不该花的钱?

(4)经过费用计算和费用分析,教师可引导学生进行思考:"你有什么感想和体会? 你认为自己目前应承担什么责任? 你打算今后怎样去履行自己的责任?"

(5)教师引导学生深入思考:"为了学生的成长,学校、社会和国家予以很大的投入和关爱(优越的教学条件和奖学金、助学金等扶持),并寄予了很大的期望,作为学生应怎样去对学校、对社会负责?"

针对教师引导思考的问题,学生的答题要点设置如下:

①"不算不知道,一算吓一跳,一年来家庭为培养我所支付的费用实在太多了。"

具体分析:

a.该花的钱有:学费、书费、住宿费、基本生活费、办证费、班费等。

b.可花可不花的钱有:生日聚会、交际应酬、超标生活费。

c.不该花的钱有:买高档电子产品、过多的话费或流量费、买奢侈品牌服装、大吃大喝等。(学生时代超越家庭实际水平的消费都是不该花的钱)

②对家庭应承担的责任:

a.投入的成本应与所学的知识成正比。父母花了钱就应该学好专业知识,以优异成绩报效父母。

b.要艰苦奋斗。做到生活简单朴素,可花可不花的钱尽量不花,不该花的钱坚决不花。

③学校培养了自己,就应该为学校争光。

④祖国哺育了自己,就应该报效祖国(树立雄心大志,为振兴中华而学习)。

环节六,《弟子规——入则孝》故事分享。教师引导:"请同学们将回家践行《弟子规——入则孝》的故事讲出来,大家一起分享。"

环节七,感恩词朗读:"感谢我们伟大的祖国,感谢父母的养育之恩,感谢老师的辛勤教导,感谢同学的帮助和关心,感谢一切辛勤付出的人,感谢自然万物让我们生长得更快乐。感谢挫折与困难,磨砺我的信心和意志。感恩一切。让我们用感恩的心,去对待美好的人间。"

环节八,班主任总结。

环节九,发放《弟子规》生活力行评价表,学生带回家按量表要求实作,最后由父母打分后学生带回学校存档。

(二)课时二:学习、背诵《弟子规》的"出则悌"选段

环节一,背诵接龙。每小组派一名同学作代表,背诵《弟子规——出则悌》其中四句,第一小组背完四句后,第二小组的同学接着背下面四句,依次进行。背诵情况由专人做好记录。

环节二,教师引导学生进行《弟子规——出则悌》历史故事分享。

环节三,教师带领学生一起欣赏《弟子规——出则悌》情景剧。

在观看的同时,教师引导学生思考:剧中的孩子的行为符合《弟子规——出则悌》的要求吗? 表演结束后,教师引导学生对照《弟子规——出则悌》的要求,指出剧中的不当行为。

环节四,教师引导学生思考:如何做才能达到《弟子规——出则悌》的要求?

让学生分成小组,各小组就"如何做"进行讨论,拿出几条措施,然后派代表上台发表看法,供所有学生参考采纳。

环节五,感恩词朗读。(略)

环节六、班主任总结。

(三)课时三:《弟子规——入则孝》《弟子规——出则悌》考试

单独以试卷形式呈现。

(四)课时四:学习、背诵《弟子规》的"谨"选段

环节一,背诵接龙。每小组派一名同学作代表,背诵《弟子规——谨》其中四句,第一小组背完四句后,第二小组的同学接着背下面四句,依次进行。背诵情况由专人做好记录。

环节二,教师引导学生进行《弟子规——谨》历史故事分享。

环节三,教师带领学生一起欣赏《弟子规——谨》情景剧。

在观看的同时,教师引导学生思考:剧中的孩子的行为符合《弟子规——谨》的要求吗? 表演结束后,教师引导学生对照《弟子规——谨》的要求,指出剧中不当行为。

环节四,教师要求学生:"请自己对照《弟子规——谨》的要求,认真剖析,写出自己平时在日常穿着、饮食、交友等方面存在的不足,并提出以后改进的办法,然后上台发言分享。"

环节五,班主任总结。

(五)课时五:学习、背诵《弟子规》的"信"选段

环节一,背诵接龙:每小组派一名同学作代表,背诵《弟子规——信》其中四句,第一小组背完四句后,第二小组的同学接着背下面四句,依次进行。背诵情况由专人做好记录。

环节二,教师引导学生进行《弟子规——信》历史故事分享。

环节三,教师带领学生一起欣赏《弟子规——信》情景剧。

在观看的同时,教师引导学生思考:剧中的孩子的行为符合《弟子规——信》的要求吗?表演结束后,教师引导学生对照《弟子规——信》的要求,指出剧中不当行为。

环节四,组织学生进行小组讨论,让学生们就如何处理好同学之间的关系各陈己见,然后分小组上台发言分享。

环节五,班主任总结。

(六)课时六:《弟子规——谨》《弟子规——信》考试

单独以试卷形式呈现。

(七)课时七:学习、背诵《弟子规》的"泛爱众""亲仁"选段

环节一,背诵接龙:每小组派一名同学作代表,背诵《弟子规——泛爱众》《弟子规——亲仁》其中四句,第一小组背完四句后,第二小组的同学接着背下面四句,依次进行。背诵情况由专人做好记录。

环节二,教师引导学生进行《弟子规——泛爱众》《弟子规——亲仁》历史故事分享。

环节三,教师带领学生一起欣赏《弟子规——泛爱众》《弟子规——亲仁》情景剧。

在观看的同时,教师引导学生思考:剧中的孩子的行为符合《弟子规——泛爱众》《弟子规——亲仁》的要求吗?表演结束后,教师引导学生对照《弟子规——泛爱众》《弟子规——亲仁》的要求,指出剧中不当行为。

环节四,教师展示美文《用修养赢得尊严》,学生阅读后小组讨论,就与人交往应注意的语言文明、行为文明、交往分寸等内容发表看法,形成统一意见,

然后分小组上台发言分享。

环节五,班主任总结。

(八)课时八:《弟子规——泛爱众》《弟子规——亲仁》考试

(单独以试卷形式呈现)

(九)课时九:学习、背诵《弟子规》的"余力学文"选段

环节一,背诵接龙:每小组派一名同学作代表,背诵《弟子规——余力学文》其中四句,第一小组背完四句后,第二小组的同学接着背下面四句,依次进行。背诵情况由专人做好记录。

环节二,教师引导学生进行《弟子规——余力学文》历史故事分享。

环节三,教师带领学生一起欣赏《弟子规——余力学文》情景剧。

在观看的同时,教师引导学生思考:剧中的孩子的行为符合《弟子规——余力学文》的要求吗? 表演结束后,教师引导学生对照《弟子规——余力学文》的要求,指出剧中不当行为。

环节四,教师引导学生写出其平时在爱护环境、读书方法、爱惜书籍、修养身心等方面存在的不足,并提出以后改进的办法。然后让学生轮流上台发言分享。

环节五,班主任总结。

第四讲　对他人讲责任:关爱与帮助课程

(一)课时一:文明礼貌月教育

主题词:知礼,懂礼,有礼。

活动内容:集中学习中学生需要掌握的日常礼仪规范以及待人接物的基本要求。

环节一,主持人阐述平时学习与生活中文明礼仪的重要意义。

环节二,名言引领。学生各小组提前收集相关名言,进行小组讨论后,选一条小组认为在文明礼貌方面展现得最好的名言警句,派代表上台展示并阐述理由。

环节三,故事引导。

例子,故事一:程门立雪。故事二:孔融让梨。故事三:张良拜师。

教师让学生们阅读三个故事,分小组进行讨论,而后各小组选择其中一个故事,派代表轮流上台谈启发和感受。

环节四,情景剧展示。

教师让学生自编文明礼貌相关情景剧并上台展示,要求其他同学在观赏的同时,看剧中人物的言行是否文明礼貌,展示完后一一指出不文明礼貌的行为。

环节五,教师引导学生观看视频,学习文明礼貌的相关行为,包括上课礼仪、进办公室礼仪、对待老师及来宾的礼仪、会议及就餐礼仪等。

环节六,主持人小结。

环节七,班主任总结。

(二)课时二:学雷锋活动

主题词:知雷锋,学精神,做好事。

环节一,知雷锋:学习与雷锋相关的日记、名言、故事、领袖题词等。

环节二,学精神:反思、讨论雷锋精神的实质。

环节三,开展报告会、辩论赛。

初中:以"学雷锋,做好事"报告会形式呈现。班干部、小组长或个人分别代表全班、本小组或个人汇报学雷锋、做好事的情况。

高中:开展辩论赛——当今时代该不该学雷锋?(或:雷锋精神是否过时?)

环节四,班主任总结。

(三)课时三:对同学、对他人讲责任

环节一,主持人阐述人与人相处中,讲求宽容、信任、合作、帮助的重要性。

环节二,名言引领。主持人在公屏上展示学校教学楼里的有关与人相处之道的17个名言警句,而后教师引导学生分小组进行理解、讨论、评价,再让小组派代表轮流上台分享。

环节三,故事引导。

1.管鲍之交——宽容

2.让他三尺又何妨——礼让

3.多媒体播放《千手观音》片段——合作

4.《要对别人负责》——克己

5.将相和的故事——帮助

学生们阅读故事,分小组进行讨论,而后各小组分别选其中一个故事,派代表上台谈感想和启发。

环节四,该环节学生可在两种活动中二选一。

1.情景剧展示

同学们自编情景剧并上台展示,其他同学在观赏的同时,看剧中言行是否文明礼貌,展示完后一一指出不文明礼貌之处。

2.做游戏

穿针引线——宣布活动规则。

(1)每组二人,每人一根线,一枚针。

(2)等老师的"开始"指令。小组的任务是在 10 秒内两人通过配合共同将两针穿入孔中。

(3)最先完成的小组胜,最后完成的小组或到时不能完成的小组输。

教师要留意学生在活动过程中的表现,活动结束后颁奖,并组织学生分享活动体验。

教师引导:"为什么有的小组同学穿得很快,有的小组却很慢,甚至在规定时间内都不能完成呢?我想对于这个任务,大家都有很多体验后的感受要与你们组其他成员分享,接下来请同学们交流你关于这次体验的一些思考。"

举例:教师把学生的观点进行综合,主要归纳了三点。

(1)只有团队成功,个人才能成功。

(2)要学会关注别人,为他人着想、为团队着想。

(3)了解影响合作的内外因素:成员个性(自以为是、自私、宽容等)和能力、计划与策略、合作意识、旁观者压力等。(让学生尊重每一个人,感受合作的乐趣、作用)

环节五,主持人小结。学生齐唱《众人划桨开大船》。

环节六,班主任总结。

(四)课时四:对残疾人、老年人、陌生人讲责任

主题词:爱心、感恩、行动。

环节一,教师播放视频《"小悦悦"事件》,引出主题"人情冷漠,我们要关爱他人"。引导学生观看视频,分小组讨论,汇总组员思考,并上台展示。

环节二,展示街上老年人晕倒、上海外滩踩踏事故视频材料。引导学生观看视频,分小组讨论,汇总组员思考,并上台展示。

教师提出:爱心、感恩重在行动。

教师播放微课"怎样进行紧急心肺复苏"。引导学生学习掌握心肺复苏技术。

环节三,展示、播放我校同学来到敬老院关爱老人、进特殊教育学校关心残疾儿童的照片和视频。

教师提出:关爱在行动,积极做力所能及的关爱行动。

环节四,讲故事(备选)。

故事一:2011年7月2日下午1点半左右,杭州一处住宅小区内,一个两岁女孩突然从10楼高空坠落,眼看一出悲剧即将上演。刹那间,刚好路过的吴菊萍毫不犹豫冲过去,徒手抱接了一下女孩,自己的左臂瞬间被巨大的冲击力撞成粉碎性骨折。但是,由于她奋不顾身的这一接,女孩稚嫩的生命得救了。吴菊萍也因此被誉为创造了奇迹的"最美妈妈"。

故事二:2011年11月10日,是山东省莒县安庄镇中安村35岁村民郭安锡的奶奶99岁的"保寿"之日。这一天,他高高兴兴地骑着摩托车去接亲戚到大哥家聚餐,同时给奶奶庆寿,眼看就要到目的地,田间突然传来了急促的求救声。原来,同村村民张战明在下地窖放地瓜时出现意外被困窖底,生命垂危,是他的儿媳妇发出了求救的信号,郭安锡扔下车就跑到地窖下窖救人,但是这一下去,便再也没赶上为奶奶庆祝的宴席。

教师提出:一个善念,成就一个想法,一个想法,成就一次善举。这些英雄用他们的行动甚至是生命传递了爱的温暖。也正因为他们的牺牲让我们明

白，不能因为"小悦悦"的悲剧而去否定整个社会，社会仍有美好、善良、温暖，乌云不能永远遮住阳光。

环节五，班长领读倡议书，全班齐读。读完后逐个在倡议书上签名。

"拒绝冷漠，传递温暖"倡议书

我们愤怒于"小悦悦"事件中的冷漠路人，我们无奈于好心扶起路人却被诬陷成了一个个翻版"彭宇"，我们感动于举起双手救起坠楼女孩的最美妈妈。针对当前社会冷漠、道德滑坡、诚信缺失等现象，我们不愿意做冷漠的路人，而希望成为传递温暖的爱心人。我们努力用一双双眼睛去追寻温馨感人的画面，追求世间的真善美，用一颗真心传递温暖，营造友爱他人、助人为乐的良好网络道德风尚。

为了驱赶社会冷漠，让爱心继续传递，现发出如下倡议：

一、拒绝冷漠，心中有爱。从现在开始，从身边开始，向冷漠宣战。在别人遇到困难的时候，伸出热情之手提供帮助，或许我们无法去和行凶的歹徒搏斗，但可以打电话报警协助。多一点行动，便会多一些温暖，也因此会多一些更高道德标准的勇敢。

二、传递温暖，互信互爱。面对社会上不断涌现的爱心救人的美好事件，我们不能无动于衷，这些美好的人和事，应该让我们感动且温暖，让我们互信与互爱，只有心中涌动着爱心和感动，才能用我们的爱来构建这个社会的温暖，呼唤道德力量的回归和重建，让爱流动在我们的身边！

冷漠的驱逐、爱心的回归，需要我们所有人的努力。从小事做起，关心身边的亲人、朋友或者只是擦肩而过的陌生人，用自己内心最诚挚的热情点亮整个世界。反思对生命的漠视，唤醒人们的爱心，让热心助人的温暖行动发扬光大。

让我们一起，用行动拒绝冷漠，让爱心传递温暖！

环节六，全班同学齐唱徐杨的歌曲《爱的天空》《让世界充满爱》。

环节七，班主任总结。

第五讲　对集体讲责任:守纪与协作课程

(一)课时一:我是集体的一员!

环节一,教师引导学生通过名言警句赏析、诗歌鉴赏、歌曲演唱等方式深刻理解个人与集体的辩证关系,体会"集体力量大"的哲理意义。

环节二,讲故事,析哲理。教师通过组织学生演讲有关"个人与集体"的经典故事,讨论、分析其蕴含的深刻哲理意义。

环节三,开展活动——语言接力赛。

主持人甲:通过刚才的诗朗诵让我们明白,在很多时候,需要大家团结起来,心中不仅仅要想着自己,也要想着他人。想着大家团结一致,只有这样才能把事情办好。下面我们就小组合作来玩儿一个游戏,看看从这个活动中你又会有什么新的收获。

主持人乙:我们的游戏叫语言接力赛。规则是这样的,现在咱们班有三个小组,每组人数一样多。从每组第一个同学开始,一人说一句,一直接下去,中间不能说错,如果错了,就得从头开始,比一比,看哪一组说得最好,时间花得最少,这一组就成为优胜小组了。接力的语言是,一只青蛙,一张嘴,两只眼睛,四条腿;两只青蛙,两张嘴,四只眼睛,八条腿;三只青蛙……(找三个裁判)教师计时。

主持人甲:游戏做完了,你有什么想说的吗? 哪位同学愿意谈谈自己的体会?(选2至3名同学上台)

主持人乙:在现实生活中,大家有没有亲身经历过团队一起发扬团结协作精神的事例呢? 或者因为没有注意这一点而造成失败的事情呢? 相信大家都有很多话想一吐为快。(选3至4名同学上台)

主持人乙:大家说得都非常好,家的荣誉,家的美丽与我们每个人息息相关。

主持人甲:家的和谐,家的温馨要我们共同创造。

主持人乙:有了你、有了我、有了他,我们的大家庭才会更精彩。

环节四,讲故事《蚂蚁的壮举》,一男一女两个学生上台。

女:同学们知道吗? 在人类居住的地球上,有一种渺小而可爱的动物,它的普遍身长不过五六毫米,普遍身高只有仅仅一毫米。

男:然而,这幼小柔弱的生命,它们的团结精神却值得我们人类学习。请欣赏故事《蚂蚁的壮举》。

(公屏展示故事)

一位旅行家在南美洲草原上,目睹了这样一个令人惊心动魄的场面。

夏日正午,一片临河的草丛突然起火,呼呼直蹿的烈火形成了一个火圈,向草丛中央一个小小丘陵包围过去。丘陵上无数的蚂蚁被逼得节节败退,似乎除了葬身火海已别无选择。但是,就在此时,出乎意料的场面出现了:只见蚂蚁们迅速聚拢,抱成一团,形成一个黑色的"蚁球"冲进火海。烈火将外层的蚂蚁烧得噼啪作响,然而"蚁球"却越滚越快,终于穿过火海,冲进小河,河水把"蚁球"卷向岸边,使大多数蚂蚁绝处逢生。

这悲壮的一幕时时浮现在旅行家眼前,胜过了任何秀丽的美景!

男:听过之后你们有什么感想?

女:蚂蚁虽然渺小,但它们那团结互助的精神是那么伟大,我们要是团结起来也一定能完成艰巨的任务!

男:在学习中,在生活上,我们每个人都可能遇到困难,都需要别人帮助。所以同学之间要互相帮助,互相团结,这就叫"人心齐,泰山移"。

女:只有大家团结互助,心往一处想,劲往一处使,才能把事情办好。

男:请你展开想象的翅膀,讲讲你心目中的优秀班集体是什么样的。

(邀请其他同学发言)

女:我们的班级有着良好的班风班貌,有一大批要求进步的同学,有一大批关心班级的同学,还有一大批品学兼优的中坚力量。

男:班级桌椅坏了,有人不声不响地修好。

女:墙报纸掉下来,有人拿出胶水给粘上。

男:地上有纸,有人弯腰拾起来。

女:卫生角乱了,有人主动收拾干净。

男:真是举不胜举,有了这些关心班级、热爱班级的好同学,我们班一定会越来越好。

女：如果我们是生长的小树，那么，班级就是滋养的土地。

男：如果我们是一条条可爱的小鱼，那么，班级就是宽阔的大海。

女：我们是闪烁的星星，在天空中熠熠生辉。

男：我们是奋飞的雏鹰，在风雨中搏击长空。

女：我们有一个温暖的家。走进教室，进入这个班集体，我们感到一股春风扑面而来。

男：在这个温暖的班级中，你的生命之树将会常青；在这个欢乐的集体中，你的忧伤能被抚平。

女：生活在这个班集体中，你会像一滴水融进大海，像一棵树生长在深山，你会感到拥有一股强大的集体的力量。

环节五，主持人小结，全班齐唱《相亲相爱的一家人》《众人划桨开大船》。

环节六，班主任总结。

(二)课时二：我如何融入集体中 第一课

环节一，教师通过名言警句赏析、诗歌鉴赏、歌曲演唱、故事演讲等方式让学生理解个人的行为要遵循集体的规范，个人的利益要服从集体的利益的道理，并逐步做到四个"学会"——学会容忍、学会放弃、学会控制、学会服从。

环节二，学会容忍。通过经典故事分享，让学生明白一个人在集体中有时要学会容忍。

环节三，学会放弃。通过经典故事分享，让学生明白一个人在集体中有时要学会放弃。

环节四，学会控制。通过经典故事分享，让学生明白一个人在集体中有时要学会控制自己的情绪。

环节五，学会服从。通过经典故事分享，让学生明白一个人在集体中有时要学会服从，即个人服从组织，少数服从多数。

环节六，播放动画《刘阳的难题》。

教师引导："学校就要召开运动会了，体育健将刘阳代表九年级三班报名参加三个项目的比赛。可是比赛前两天刘阳感冒了，他担心参加运动会可能会加重感冒，影响运动会过后的半期考试。但老师和同学们都指望他为班级争光呢！那么,刘阳去不去参加运动会呢?"

学生分组讨论、交流。

教师及时肯定、表扬积极发言的同学并小结。

环节七,主持人小结,全班齐唱《团结就是力量》。

环节八,班主任总结。

(三)课时三:我如何融入集体中 第二课

环节一,教师通过名言警句赏析、诗歌鉴赏、歌曲演唱、故事演讲等方式让学生理解团队合作的意义和重要性,使其在集体活动中学会竞争、学会合作、学会沟通、学会负责。

环节二,学会竞争。通过经典故事分享,让学生明白一个人在集体中要有竞争意识。

环节三,学会合作。通过经典故事分享,让学生明白一个人在集体中要学会合作。

环节四,学会沟通。通过经典故事分享,让学生明白一个人在集体中要学会沟通。

环节五,学会负责。通过经典故事分享,让学生明白一个人在集体中要有责任和担当意识。

环节六,播放动画《爱管闲事的李泽群》。

主持人提问:

(1)一个良好的班级需要像李泽群这样的"管事大王"吗?

(2)如果班集体的事谁也不去管,没有人去过问,可能会是怎样的情形?

(3)我们应如何对待这些多管闲事的"管事大王"?

(4)如何帮助那位值日生改正错误的认识?

教师组织学生分组讨论、交流。

主持人:"在我们身边有没有像李泽群这样的人呢? 让我们一起来找一找。"(全班同学在纸上写出自己心中最关心集体的人,课后进行统计,将得票较高的几位同学的名字写在黑板报的光荣榜上,号召大家向他们学习。)

教师归纳:"我们要树立'我是集体的一员'的意识,集体是我们每一个人的集体,只有人人都主动关心、爱护集体,为集体建设出力,集体才会真正成为我们依恋的家。"

环节七,讨论"如何打造团队"。教师通过分析海尔、格力等企业打造团队的事例和经验,引导学生学习打造团队的意义和重要性。让学生思考以下两个问题:

(1)为什么众人拾柴会火焰高?

(2)为什么会出现三个和尚没水喝的现象?

教师让学生思考后自由发言。

教师归纳:"'人心齐,泰山移',团结的集体才有凝聚力和战斗力!通过本课的学习,我们知道了集体利益和个人利益是相互依存的关系。集体应充分尊重和保护个人利益,个人更应该关心和维护集体利益。关爱集体,人人有责,人人都应自觉地维护集体的荣誉和利益,发扬集体的好作风,善于团结他人。"

环节八,班主任总结。

(四)课时四:我为集体做什么

环节一,教师通过名言警句赏析、诗歌鉴赏、歌曲演唱、故事演讲等方式让学生逐步领会并充分发扬主人翁精神,发挥特长优势,发挥组长、室长优势,发挥干部优势,自觉承担起自己的一份责任和义务,显示自己在集体中的价值和作用。

环节二,主持人引导,"猜猜这些话是谁说的?"(公屏展示)

(1)从来只有拼出来的美丽,没有等出来的辉煌。

(2)困难就是困在屋里就难,出路就是走出去就是路。

(3)少流泪,多流汗,泪水只能给你换来同情,汗水却能为你带来成功。

(4)共努力,争上游;人心齐,泰山移。

环节三,教师选取个人为集体做贡献甚至牺牲生命的事例,让同学们进一步理解"集体利益高于一切"的道理。

环节四,主持人引导,"我能为班做什么事情?"(公屏展示)

（1）认真学习，不拉低班平均分。

（2）做好自己的职责（卫生、纪律等）。

（3）在学习上能帮助同学的地方尽量帮助，多为班级出谋献策。

（4）配合老师上课，遵守课堂纪律。

（5）地上有纸或粉笔就帮忙捡起来，不随地丢垃圾，做文明礼貌的中学生。

（6）升旗不迟到、不讲话；自习或晚间就寝不讲话；遵规守纪，认真做好每一件事。

（7）使班集体不会因为我而扣分。

（8）积极配合班干部的工作。

（9）互相帮助，共同进步，形成团结友爱的班风。

环节五，齐唱歌曲《奔跑》。

环节六，班主任总结。

第六讲　对社会、国家讲责任：担当与报答课程

环节一，教师给学生播放台湾中信高级工商大学校长高震东的演讲《天下兴亡，我的责任》视频，看完后请同学们谈感受。

环节二，教师展示对社会讲责任的相关名人名言，引导学生理解一个人对社会的责任就是爱心与奉献、担当与报答。

环节三，教师引导学生阅读《做一个有责任心的人——亿万富翁比尔盖茨的故事》，请同学们谈谈各自的阅读感受。

环节四，教师引导学生阅读材料《湖北荆州大学生救人溺水身亡事件》，组织学生讨论："中学生应当怎样报答社会？"

教师提出：伸出互助友爱之手，奉献自己的爱心，承担起属于自己的那一份社会责任，也许一只手的力量是微弱的，但手手相连、心心相连，一定能创造"我为人人，人人为我"的社会氛围，也就一定能实现中华民族伟大复兴。这既是志愿者精神，又是建设和谐社会所必需的。

环节五，全班齐唱歌曲《爱的奉献》。

环节六，班主任总结。

附件三:重庆市巴南中学校社会主义核心价值观学习课程

一、个人层面"爱国""敬业"部分(高一、初一)

1.内容:学习和践行社会主义核心价值观个人层面的"爱国""敬业"两个关键词,前两周的班会课每周各学习体会其中一个。

2.主要过程:观看石国鹏解读社会主义核心价值观之"爱国""敬业"视频(四十分钟)。

3.本月主题班会:选择与学习的主题有关的案例数个,学生组成小组讨论,形成结论,上台展示,老师总结。重心围绕社会主义核心价值观之"爱国""敬业"进行分析。

案例参考:

(1)台湾忠信高级工商学校创办人兼董事长高振东的演讲《天下兴亡,我的责任》。

(2)奥巴马《我们为什么要上学?》的演讲。

(3)"罗援:老兵得知毛岸英被抹黑气得发抖"的报道。

二、个人层面"诚信""友善"部分(高一、初一)

1.内容:学习和践行社会主义核心价值观个人层面的"诚信""友善"两个关键词,前两周的班会课每周各学习体会其中一个。

2.主要过程:观看石国鹏解读社会主义核心价值观之"诚信""友善"视频(四十分钟)。

3.本月主题班会:选择与学习的主题有关的案例数个,学生组成小组讨论,形成结论,上台展示,老师总结。重心围绕社会主义核心价值观之"诚信""友善"进行分析。

案例参考:

(1)中国企业社会责任缺失相关案例。

(2)三鹿奶粉事件相关视频。

(3)"小悦悦"事件相关视频。

（4）诚信相关视频。

（5）"核心价值观百场讲坛"相关视频。

三、国家层面"自由""平等"部分（高二、初二）

1.内容：学习和践行社会主义核心价值观国家层面的"自由""平等"两个关键词，前两周的班会课每周各学习体会其中一个。

2.主要过程：观看石国鹏解读社会主义核心价值观之"自由""平等"视频（四十分钟）。

3.本月主题班会：选择与学习的主题有关的案例数个，学生组成小组讨论，形成结论，上台展示，老师总结。重心围绕社会主义核心价值观之"自由""平等"进行分析。

案例参考：

（1）关于自由、平等的主题视频。

（2）《新闻调查：高墙里的官员们》视频。

（3）"核心价值观百场讲坛"相关视频。

四、国家层面"公正""法治"部分（高二、初二）

1.内容：学习和践行社会主义核心价值观国家层面的"公正""法治"两个关键词，前两周的班会课每周各学习体会其中一个。

2.主要过程：观看石国鹏解读社会主义核心价值观之"公正""法治"视频（四十分钟）。

3.本月主题班会：选择与学习的主题有关的案例数个，学生组成小组讨论，形成结论，上台展示，老师总结。重心围绕社会主义核心价值观之"公正""法治"进行分析。

案例：

（1）《新闻调查：高墙里的官员们》视频。

（2）"核心价值观百场讲坛"相关视频。

（3）关于公正、法治的主题视频。

（4）"历史英雄不容诋毁"相关视频。

五、社会层面"富强""民主"部分（高三、初三）

1.内容:学习和践行社会主义核心价值观社会层面的"富强""民主"两个关键词,前两周的班会课每周各学习体会其中一个。

2.主要过程:观看石国鹏解读社会主义核心价值观之"富强""民主"视频（四十分钟）。

3.本月主题班会:选择与学习的主题有关的案例数个,学生组成小组讨论,形成结论,上台展示,老师总结。重心围绕社会主义核心价值观之"富强""民主"进行分析。

案例:

(1)关于富强、民主的主题视频。

(2)中国人健康大数据相关视频。

(3)浙江浦江县三孩童失联事件相关视频。

(4)"试论孔子学院对中国文化外交的意义"相关视频。

(5)"核心价值观百场讲坛"相关视频。

六、社会层面"文明""和谐"部分（高三、初三）

1.内容:学习和践行社会主义核心价值观社会层面的"文明""和谐"两个关键词,前两周的班会课每周各学习体会其中一个。

2.主要过程:观看石国鹏解读社会主义核心价值观之"文明""和谐"视频（四十分钟）。

3.本月主题班会:选择与学习的主题有关的案例数个,学生组成小组讨论,形成结论,上台展示,老师总结。重心围绕社会主义核心价值观之"文明""和谐"进行分析。

案例:

(1)国人的不文明行为相关图片、视频。

(2)拒绝早恋——主题班会课件。

(3)友情与爱情相关主题教育片。

(4)"核心价值观百场讲坛"相关视频。

附件四：重庆市巴南中学校责任教育剪影及部分获奖

2017年春游拉练

2018年畅游茶花广场

2018年全国排舞决赛

《弟子规》故事分享

学习《弟子规》主题班会

爱心捐款

到敬老院慰问老人

感恩教育主题班会

反邪教教育

学雷锋青年志愿者活动

2014年排舞重庆市第一名

2016年高中女子校园足球联赛

爱护环境志愿者活动

植树志愿者活动

新生军训歌咏比赛　　　　　　　　健康知识竞赛

部分学生获奖、结业证书

第六章 面向教育者的责任管理实践探索

面向教育者的责任管理是实现"培养负责任的学生、建设负责任的学校"这一责任教育宏观目标的必备条件。没有一支负责任的教育者队伍,就不可能对学生实施有效的责任教育,也难以成为负责任的学校。要打造"责任教育"特色学校,弘扬"责任文化",既离不开对学生系统地开展责任教育,也离不开对包括全体教职员工在内的教育者有计划地、系统性开展责任管理,两者共同推行才能让责任意识、责任精神、责任行动贯彻到学校的每一个成员。在一个相对独立的学校实施责任管理,既需要对人员的责任制度进行建设与落实,也需要学校的主要业务工作任务(包括德育、教学、后勤等)围绕责任管理系统展开。

第一节 责任管理调研报告

按照学校教育工作"干事创业有担当"的目标要求,践行学校发展提出的"育负责任的学生、做负责任的教师、建负责任的学校"责任教育与管理特色建设规划,为客观准确地把握我校行政管理及干部工作的状态,找准在责任管理方面存在的问题,寻求解决的办法,特开展本次调研。

本次调研涉及调研问题20个,封闭性问题17个,开放性问题3个,调研对象为一线教师,6个年级中每个年级抽取10名教师参加调研,共发放问卷60份,回收有效问卷57份,问卷分析如下。

(一)问卷数据整理

1.参加调查人数统计

男性22人占39%;女性35人占61%。

2.参加调查对象年龄段统计

20—30岁7人占12%；31—40岁21人占37%；41—50岁22人占39%；51—60岁7人占12%。

3.调查对象所在年级统计

初中29人占51%；高中28人占49%。

4.调查对象是否是班主任的数据统计

班主任37人占65%；非班主任20人占35%。

5."你是否认为作为学校领导就必须更具有责任心和承担更多责任？"

选"认为作为学校领导就必须更具有责任心和承担更多责任"的有54人占95%；选"不认为"的有3人占5%。

6."据你观察，你是否发现当前学校管理团队中有人办事拖拉，存在久拖不决现象？"

选"完全没有"的有12人占21%；选"有，但是是极个别"的有23人占40%；选"有，比较普遍"的有9人占16%；选"不清楚"的有13人占23%。

7."据你观察，当前学校管理部门中是否存在不愿配合、遇事推诿的现象？"

选"完全没有"的有13人占23%；选"有，但是是极个别"的有20人占35%；选"有，比较普遍"的有9人占16%；选"不清楚"的有15人占26%。

8."据你观察，当你身边有同事违反学校规定或要求时，学校干部的态度是？"

选"会多次提醒直到改正"的有33人占57%；选"随便说说而已"的有21人占37%；选"不进行干预"的有1人占2%；选"假装没看见"的有2人占4%。

9."据你观察，当校内出现需要及时处理的问题时（如学生违纪、同事矛盾或设施设备突发故障等），在现场的学校干部的态度是？"

选"及时进行处理"的有38人占67%；选"只管属于自己职责范围内的事"的有15人占26%；选"不进行干预"的有4人占7%。

10."从总体上来讲，你认为当前学校的管理团队的责任心和执行力如何？"

选"非常好"的有12人占21%；选"好"的有16人占28%；选"尚可"的有22人占39%；选"不好"的有5人占10%；选"很不好"的有2人占4%。

11."学校下列职能部门中,你认为最具有责任心和执行力的是?(限选三项)"

(每一项单独计百分比)选"办公室"的有20人占33%;选"督导室"的有1人占2%;选"德育处"的有21人占37%;选"教学处"的有2人占4%;选"教科室"的有15人占26%;选"信息处"的有25人占44%;选"总务处"的有19人占33%。

12."你认为下列最能体现一位领导干部具有较强责任心和执行力的选项是?(限选两项)"

(每一项单独计百分比)选"教学成绩突出"的有4人占7%;选"较高行政效率"的有31人占54%;选"乐于为师生排忧解难"的有49人占86%;选"科研成果丰富"的0人;选"踏实厚道能吃苦"的有18人占32%,选"其他(请写出)"的有1人占2%(干实事,有担当)。

13."你认为影响部分领导干部责任心不够,执行力不强的首要因素是?"

选"办事能力有限"的有8人占14%;选"个人私心较重"的有29人占51%;选"本人站位不高"的有8人占14%;选"人际关系不好"的有9人占16%;选"其他"的有3人占5%。

14."你觉得目前学校管理团队责任心、执行力存在的主要问题是?(限选两项)"

(每一项单独计百分比)选"各部门本位主义严重"的有30人占53%;选"团队凝聚力缺失"的有24人占42%;选"学校决策指挥存在问题"的有10人占18%;选"日益增强的个人意识逐渐取代团队意识"的有25人占44%。

15."你认为以下哪些因素影响了学校行政的责任落实和执行力度?(多选)"

(每一项单独计百分比)选"目标体系:具体工作目标制订不清晰,随意性过强"的有26人占46%;选"计划体系:临时性任务过多,缺乏计划性"的有30人占53%;选"授权体系:缺乏明确授权、决策效率低下、问题上移"的有11人占19%;选"职责体系:跨部门职责划分不清晰、部门间沟通不顺畅"的有15人占26%;选"流程体系:线下流程过多,工作效率低且难以衡量"的有14人占25%;选"考核体系:只注重形式反馈,不顾实际工作质量"的有1人占2%;选"激励体系:奖的少罚的多,干的多错的多,承诺的奖励不兑现"的有3人占5%。

16."你认为提升学校领导干部的责任意识和执行能力,最需要着力在哪一点?"

选"培养学校领导干部敢于负责、善于负责的精神"的有25人占44%;选"加强学校领导干部的理想信念教育"的有10人占18%;选"提升学校领导干部沟通能力和协调能力"的有15人占26%;选"提升学校领导干部发现问题、解决问题的能力"的有7人占12%。

17."你觉得有效提升学校管理团队责任心、执行力的最重要方法是?"

选"合理制订及分解目标"的有8人占14%;选"着重提升团队凝聚力"的有25人占43%;选"调动优质资源辅助"的有12人占21%;选"加强时间管理,包括执行节奏推进、执行过程跟进等"的有6人占11%;选"加强制度建设、优化工作流程"的有6人占11%。

18."你认为当前提升学校管理团队责任心和执行力的有效方式还有哪些?"

多鼓励多奖励;多听取一线教职工的意见,制订的各项制度利于广大一线工作的老师;各项评职晋岗制度要体现民意,淡化领导操作权力,强调领导服务意识;责权利相结合;牢记初心,不忘使命;优先为学生、学校服务;要注重提高一线教师的积极性,加强激励机制,能人上,关系户和不作为的下;要培养担当精神;责任一对一;育人方面应增强责任感,使命感;各司其职相互制约;给予员工们充分话语权,协商解决问题;责任落实到位,培养管理团队敢于负责的精神;解决学校管理团队个人私心较重的问题;提高格局和拓宽眼界。

19."你认为应该如何对学校管理团队的责任心、执行力进行评价?或你的评价是?"

有利则上,有责则推;工作成效的评价应以自我评价及教职工的评价为基础;总体来说,学校管理团队的责任心、执行力很好;评职晋岗不考虑工龄,却把领导左右但缺民意基础的先进评选结果作为评职、晋岗的优选条件;有学校师生集体评价,与晋升相结合;各方面做得不错,协调沟通好;团队职责任务应分解和落实到人;分工协作的时候注意划分清楚责权利;有权有责,有考核目标的评价;分管领导应多下基层了解情况;无记名教师评价打分不流于形式,对上对内应分别评价;多采用无记名问卷调查;多了解民意。

20."你认为当前学校的责任管理工作还有哪些不足和需要完善的地方?"

应抵制小团队,公平对待每一个人;所有政策应该公开透明,比如支教应先通知,再申请,再公开评选,评职方案应优先考虑工教龄,异校上课也应算支教;应考虑老师的教龄和工作经历,对于老巴南中学的教师支教硬性条件不符合就有制度可循,但现在支教安排有制度可循吗? 应提前下通知给老师们,给老师、职工留出时间准备;职务设置能让教职工明白,流程应尽量简化;评价体系应改革;奖惩要并重;可以增加一定的团建活动,增强教师团队的凝聚力;学校顶层设计与部门工作协调计划还需要完善;新中国成立70周年都考虑了老革命的贡献,学校在评职晋岗要多为默默贡献的一线教师考虑,初高中教师的工作量不平衡,领导干部与一线教师的工作量也不平衡,初高中升学奖差距太大;应加强部门间合作,保障最广大师生们的利益;有些地方缺乏明确授权,决策效率低下;校医的落实应解决;应注重一线教师的地位;没有着重考虑一线教师的贡献。

(二)调研信息分析

从调研数据来看,问题主要集中在以下几点:

1.责任管理问题的表现方面。首先是责任意识水平总体不高、差异较大。责任管理的主体在管理过程中的责任意识从总体上来讲虽然得到了老师们的一定认可,但还有较大的提升空间,个别人员和部门的责任意识公众认可度过低,管理干部之间、部门之间的责任意识程度还存在较大差异。其次是责任实践效果总体评价不高、差异较大,老师们对学校管理团队的责任管理能力评价不高,且指出管理团队本身履职效率不高,在责任履行过程中普遍缺乏配合、各自为政的现象较为突出。从数据来看,认为"各部门本位主义严重"的教师有30人占53%,认为"团队凝聚力缺失"的教师有24人占42%,认为"日益增强的个人意识逐渐取代团队意识"的教师有25人占44%,均占比较高。

2.责任管理问题的归因方面。大多数受访者将原因集中到了管理人员的思想观念上(选"个人私心较重"的有29人占51%;选"本人站位不高"的有8人占14%),个人能力倒在其次(选"办事能力有限"的有8人占14%,选"人际关系不好"的有9人占16%)。

3.责任管理问题的措施方面。大多数受访者将目光集中到了要制订清晰的目标与计划、明确界定个人与部门的权责范围、严格规范履职的要求和程序等方面,如认为应该改进目标体系的人占46%,认为应提高计划性的人占53%,认为应优化管理流程的人总共占到了70%(授权体系占19%,职责体系占26%,流程体系占25%)。

4.责任管理问题的其他相关方面。受访者在开放性问题的回答中,既涉及责任管理问题本身,又谈到了虽在责任管理之外但有一定相关性的问题,比较集中在学校的目标管理、民主管理、制度管理及文化管理等方面,同时表达了对自身切身利益的强烈关注,提出了相应的诉求,比较集中的有教师评价、教师专业发展、教师待遇等问题。

(三)问题解决初步思路

1.进一步梳理问题、聚焦问题、研究问题。在初步调研的基础上,再利用各种机会进一步收集意见建议,并在一定范围内进行问题的汇总、探讨与研判,以做到收到真问题、找到真原因、想出真办法。

2.加强干部队伍建设,着力提升干部工作执行力。基于问题,有计划有步骤地开展干部队伍建设,从工作态度、工作方法、工作效率等方面进行培训提升。

3.进一步理清责任管理的逻辑思路,逐步构建责任管理的理论与实践体系。力争让学校责任管理基于问题、着眼发展、服务师生、做出成效。高度重视责任管理的价值和意义,认清责任管理的目标愿景,坚持责任管理的理念原则,制订责任管理的任务步骤,完善责任管理的实施流程,摸索出责任管理的实践路径,形成具有"议责、定责、履责、评责、修责"等环节的管理闭环,使之具有操作性和实效性。

第二节　责任管理思路架构

根据学校"弘扬责任文化、实施责任教育、落实责任管理"的责任教育特色建设总体思路,在对学生实施责任教育的同时,对全体教职工合理、有序实施责任管理。

(一)责任管理的目标愿景

通过实施责任管理,期望达成以下目标:首先,打造一支"懂责任、负责任"的学校教育工作者队伍,强化教职工爱岗敬业的精神意识,使教师更好地负起教育培养学生的责任,使管理服务人员敢于担当、勇于任责。其次,扎实地弘扬责任文化,完善学校管理制度,提升学校管理效能,逐步实现学校管理从制度管理向文化管理转变。

(二)责任管理的原则要求

按照学校责任管理目标,我们对责任管理提出了"455"的要求。

1."4"——"四定"

四定即定岗、定责、定人、定评。为使学校的责任管理有制度基础和校本依据,我们提出了责任管理"四定"要求。定岗是指按照学校发展需要和教育教学实际,在每学年开始前,对学校各处室、各年级的工作进行岗位设置,做到因事设岗,而不是因人设岗;定责是指根据岗位设置,制订每一个岗位的责任目标、责任内容,明确岗位的责任权限,尤其是把岗位责任人的主体责任、配合责任和首遇责任界定清晰,划清各岗位之间的责任边界;定人是指根据岗位设置和岗位责任,通过一定的组织程序选择合适的人承担岗位职责,做到因岗定人、责任到人、人人有责;定评是指学校出台每一个岗位责任的考核评价办法,对岗位责任人的履职情况进行过程督导和结果评价。

2."5"——"五环节"

五环节即议责、定责、履责、评责、修责五个环节。为更好地落实"四定"要求,在岗位设定之后,为使岗位责任真正落地生根,促使责任管理过程环环相扣、有序推进,我们提出了管理过程的"五环节"流程。根据岗位特点和实际,民主科学地讨论并议定岗位责任,确定岗位责任人,按照学校内控制度支持并督导各岗位责任人的责任履行,按照学校责任考核评价办法进行过程与结果评价,在一定的履责周期结束后,学校组织相关人员,对岗位的设置、责任人的选择、履职过程及效果的评估等各方面进行反思总结,并适时地进行调整、修改和完善。通过以上五环节的实施,学校责任管理形成了相对完整的逻辑闭环,并不断改进完善。

3."5"——"五个一"

在责任履行过程中,为让责任管理在各处室、各年级的常规管理工作中发挥常态化导向规范作用,学校对各处室和年级提出了"五个一"的精细化管理要求:一份目标清晰、指向精准的发展规划(每学年),一支责权清晰的管理队伍,一张无缝衔接(横向到边、纵向到底)的值班过程管理表,一本台账(管理服务对象异常情况及持续教育过程),一份管理发展成效评估报告(处室每期一次,年级每半期一次)。

(三)责任管理的方法策略

为更好地落实责任管理的目标任务,在学校责任管理原则要求的指导下,学校提出"四及时、五步骤"责任管理的方法策略,以更好地推动学校教育教学的重点任务。

1.四及时

四及时,即及时决策,及时布置,及时落实,及时督评。凡是属于学校重要的教育教学阶段性工作,都要求从学校层面通过党委会、校长办公会、教代会等决策机构及时作出顶层设计、制订宏观方案,由分管校级领导及时在相关处室和年级中进行布置和实施,然后通过周报告、月小结、期总结、年考核等方式进行督导和评价。

2.五步骤

五步骤,即问题聚焦,科研引领,目标导向,项目推动,以评促建。此五步骤主要运用于关系到学校、师生长远发展的重大问题和需要集中力量加以研究、解决和推进的重要工作,是学校运用责任管理的思想推动学校发展、师生进步的具体行动,也是检验责任管理成效的重要途径。对于重大问题和重要工作,学校按照责任管理的要求,首先进行充分的调研和聚焦,找准真问题;将找出的真问题、大问题作为需要慎重考虑、决策和推动的重要课题加以研究,引领问题解决的实践行动;在研究基础上从学校层面明确重要问题解决的方向目标和关键任务;基于目标和任务,成立相关项目工作组,明确项目的目标、任务、责任人、完成时限等,用项目推动的方式来落实重要问题的解决和重点工作的完成;按照责任管理的目标考核办法对项目推动实施情况进行过程性督导和结果性评价。在上述五个步骤中,对每一环节都落实责任内容和责任人员,以更好地促进重大问题的解决和重点工作的完成。

第三节　责任管理重点任务

(一)"责任化"文化建设

1.责任精神文化建设

有着一百多年办学历史和文化底蕴的巴南中学,在继往开来的新时代教育征途上,高举"责任、担当"旗帜,以"天下兴亡,匹夫有责"的使命感,为党育人、为国育才。围绕"育守责立身之人"的育人宗旨,彰显"责任教育"的时代特色,实施"用责任唤醒责任"的发展策略,继承"爱国、爱校、爱科学"的优秀传统,发扬"攻坚克难,自强不息"的精神,为国家民族、为世界未来、为人类命运共同体,培育"有责任、能担当"的时代新人。

巴南中学坚持以"育守责立身之人"的育人宗旨和"修己任责、力行日新"的校训统领教师队伍建设,促使广大教师树立强烈的责任意识,加强为国育人的使命感、为校争光的责任感和为己正名的紧迫感,使其以强烈的责任心和无限的激情投入到教育教学管理中。

为更好地彰显学校的文化特色,巴南中学从历史维度和现实维度两大维度进行精神文化的收集、整理与凝练。

从历史维度看,梳理"学校历史文化脉络"和"地域历史文化脉络"。

前者——"学校历史文化脉络",从登瀛书院溯源到女子学校创办,从巴县中学更名到两校合并发展,巴南中学在深厚的历史文化底蕴中深耕,挖掘出属于学校的人文瑰宝,以"责任担当"为主线,以"杰出校友"(文化曲艺家李伯钊、双枪老太婆原型刘隆华、交通建筑脊梁徐通模、火箭航天专家余孝昌、油菜良种之父潘涛、人文艺术画家许世虎等)为切口,以"时代使命"为篇章,彰显学校的育人宗旨和教育初心,展现出了学校"责任教育"的历史溯源和一脉相承。

后者——"地域历史文化脉络",巴南中学的文化影响不只局限于巴南区,更是要辐射和覆盖整个巴山蜀水和巴文化范畴,从巴将军到秦良玉,从革命先驱邹容到时代楷模毛相林……在历史长河浩瀚星空中,搜寻和梳理出典型的"为国尽忠、为民尽责"并载入史册的"巴英雄",同样围绕"责任担当"主题,打造"巴英雄名人苑",彰显"责任巴人"之风流。

从现实维度看,巴南中学打造"责任教育"校本课程体系,从教学到行政、从安保到后勤、从交流到推广,推出"责任之校""责任之师""责任之生"系列,让"责任教育"的点点滴滴,于润物无声的细节中,在校园内外生根落地、处处开花,从而实现责任教育的治学文化理念传播和培养时代新人功能。

巴南中学还收集整理关于"责任+担当"的名言警句、人物传记、典型故事以及世界各国与"责任+担当"有关的解读翻译等,并用好校刊《墨韵》平台,塑造巴南中学校园文化之魂。在全校师生中征集校园楼栋名称,结合学校的文化内涵,选出适合各楼栋特征的成体系的楼名。

2.责任制度文化建设

(1)观念引领:学校将利用教职工大会、年级组会、教研组会等形式,宣传学校制度建设的重大意义,各级教职工认真学习国家相关政策和各级教育工作会议精神、学校制度理论专著、名校实践经验等,统一思想,充分认识制度建设对推动学校走向规范发展、高效发展、内涵发展的必要性。

(2)重点突破:为使责任管理有制度依据,让责任管理要求落到行动上,根据《重庆市巴南中学校办学章程》,形成决策、执行、监督相对独立、相互支持的学校治理结构;建立健全学校民主管理制度、安全管理制度、教代会制度、教师专业化发展制度、评价激励制度、岗位职责等关键性制度,全面激发学校活力。重点突破以下几点。

第一,建立责任管理分类专项制度:继续完善学校的规章制度建设,使学校从校长到教职工,人人都有自己的责任区域,事事都能有章可循。加强各类教育活动中的规范管理,各个实施步骤有理有据,有章可循,管理到位,避免管理上的"糊涂账"。鼓励全校教职员工参与管理,发扬主体精神,勇于承担责任,推进学校管理的民主化建设。

第二,建立责任管理评价激励制度:创新师资队伍管理机制,着眼于学校师资队伍管理机制的改革。修订完善以教职工聘用和管理为重点的学校人事制度和评价激励制度,完善重能力、重实绩、且以绩效考核、教师专业成长等为核心的评价机制,增强教职工的竞争意识和责任意识,充分调动教职工的积极性和创造性。

第三,修订内部配套制度:完善学校内部管理制度,重新修订完善与学校当前发展不适应的学校管理制度,包括党务、校务、教务、德育、教科研、人事管理、总务、财务、工会等学校工作的各个方面。

(3)点面结合:学校制度的建立完善非一日之功,必须围绕目标和中心按照"顶层设计—试点先行—有序推进—全面铺开"的思路进行,制度经过精心设计,一旦确立,就应当有它的稳定性与连续性,运行过程中可能仍然有不足,要进行适当的微调。试点成熟的制度经验需要转化为更大面的共享成果,使点上的经验在面上推开,面上的问题在点上得到解决,形成点上突破、面上覆盖、质上提高的良性循环。

制度文化建设目标任务分解如下:

①拟定《重庆市巴南中学校人事管理制度》。

②梳理完善学校及各处室的规章管理制度。

③修订完善《教师专业技术职务晋升考评方案》《专业技术岗位补缺竞聘工作实施方案》《教师教学工作过程考核方案》《教师职称破格晋级办法》《教师专业发展考核办法》和《荣誉称号或突出贡献计分办法》等评价、激励制度。

3.责任物质文化建设

以"责任文化"为主线,调整校园环境的风格与色彩,使其和谐统一,清新洁净,反映出学校蕴含的独特文化品位和审美情趣。最大限度地利用空间进行绿化,使植物品种合理配置,花园景点设置适当,管理规范。

通过整体设计,将学校"责任文化"外显物化到学校的每一个角落,有规划、有步骤地建设突出责任教育主题的教室文化、廊道文化、寝室文化、广场文化等。

对校内设施设备、办公场所、学习场所进行改造升级(如:楹联文化长廊、六艺大道、办公室、教室、走廊、运动场主席台等),最终形成以彰显"责任文化"为主体的风格。

物质文化建设任务分解如下:

A."正校门+迎宾中轴线"文化环境项目。

浮雕+字幕:领导人的论述,"天下兴亡,匹夫有责","育守责立身之人"等;

迎宾道校友志:巴南中学杰出校友展示墙。

B."侧校门+迎宾道"文化环境项目。

字幕设计:世界各国与"责任担当"有关的金句翻译;

百年历程薪火相传:巴南中学大事记展示墙。

C."登瀛书院"文化环境项目。

书院成立的前世今生、楹联诗句、人文典故(扫二维码,云参观);

建设古香古色、古风古韵的长廊、亭台、楼阁、大语文素养基地。

D."巴英雄名人苑+阳光草坪"文化环境项目。

打造"巴英雄名人苑"(草案名),竖雕像,扫二维码,云了解历史;

布设"巴南学子星光道/文物馆"(草案名,将各年代学子心愿、祝福、书信、捐赠文物,存入其中),让巴南学子和巴英雄在打卡点——阳光草坪——交相辉映。

E."综合楼外立面+楼台闲置空间"文化环境项目。

外立面造型、楼道文化展示,特色教室设置(书画展览、科创社团、体艺教室),阳光书屋、休闲露台改造。

4.责任行为文化建设

开展师德建设活动,宣传典型事迹,营造争当模范的氛围,促使全体教职工形成"人人争当先进,个个争创模范"的良好风气。围绕师德师风建设,让

"做负责任的教师,让教育成就幸福"的理念内化于心,外化于行。

牢固树立教师"人人有责、个个任责、厚德启智、立己善教"的工作作风,以《教师职业道德考核评价标准》规范教职工的行为。

引导和促进学生形成"博学、审问、慎思、明辨、笃行"的优良学风(如:开展丰富多彩社团活动、办好校刊《墨韵》、打造独具特色的节日文化、开展校园文化教育)。

行为文化建设任务分解如下:

(1)按照《教师职业道德考核评价标准》对教职工进行考核。

(2)打造独具特色的节日文化。

(3)开展校园文化教育,抓好学生日常行为规范教育和法治教育。

(二)"责任化"课程建设

课程是实现教育目标、实施教育教学的前提条件,也是我校开展责任教育、落实责任管理的基本载体。围绕学生发展目标,为进一步提高学校课程质量,加大学校责任教育特色建设力度,我们重点开发建设以下课程。

1."责任教育"课程建设

校级层面:继续实施原有的责任教育体系。

年级层面:构建以学生年龄阶段为特征的、以学期为周期的年级主题教育体系。

班级层面:根据师生的爱好、特长以及高中班班级性质(平行班、中班、弘毅班)实施百花齐放、丰富多彩的班级特色德育。积极开展"责任教育"评价工作的研究。积极申报重庆市巴南中学校"责任教育"内涵及实施策略研究课题。

"责任教育"课程建设任务分解如下:

①初步制订出巴南中学"责任教育"主题教育考核评价方案。

②开展《重庆市巴南中学"责任教育"内涵及实施策略研究》课题研究。

③初步实施巴南中学"责任教育"主题教育考核评价方案并修订完善。

2.学科素养拓展课程建设

(1)学习习惯养成课程围绕五个项目开展,即预习、早自习、课前准备、听课、自习课。结合教科室提出的研究项目,以小课题的方式进行研究。

(2)学习素养课程围绕九个项目进行,即注意力、观察力、思考力、应用力、自觉力、记忆力、想象力、学习力、创造力,具体由教学处、教科室统一牵头,组织实施。

(3)学科拓展课程在初高中同时推进,备课组长牵头,以学科教学内容为主。

学科素养拓展课程建设任务分解如下:
①研究开设学养课程,总结完善学养课程内容。
②以备课组为主体,开设学科拓展课程。
③成立学科竞赛团队,确定竞赛学科。
④制订各类课程建设与实施的评价体系。
⑤总结课程建设的实施策略。

3.学生生涯规划课程建设

为推动学生"对自己发展负责、对社会责任担当"这一要求的实现,提高学生自我发展的自觉性与规划性,学校精心组织力量开展学生生涯发展课程建设。

通过问卷调查、一对一咨询、访谈等方式了解学生生涯规划现状及能力,收集辅导数据。通过质性和量性问卷数据分析,根据学生生涯规划现状初步形成校本教材内容框架。

例如,以高2023年级学生为对象,通过开办讲座、生涯规划课、研学课、现场活动课等方式引导学生认识自我和环境,在充分了解自我性格、兴趣、能力、资源、外在社会需求等基础上尝试规划生涯;每次课或活动后,组织者结合学生反馈及自我观察内容,不断修订辅导内容框架,形成初步校本教材内容。

引导学生在自身生涯规划的框架下,更加清晰地了解和明确自己的发展方向,结合新高考拟定自己的学业、职业规划。根据各种案例和学生生涯规划数据分析,在不断反思总结的基础上形成我校高2023年级较完整的生涯规划辅导校本教材体系。

学生生涯规划课程建设任务分解：

（1）对学生进行问卷调查、一对一咨询、访谈，了解现状，收集数据，形成初步方案。

（2）以前期课题"表达性艺术心理辅导对高一学生生涯规划能力干预研究"为指导，以校本教材搭建初步框架，通过讲座、团辅、培训、生涯规划课等方式引导学生尝试规划生涯。

（3）引导学生通过不断地自我规划明确方向，最终结合新高考的情况拟定自己的学业规划和未来的职业规划。

4.体艺课程建设

建立田径、篮球、足球方面的区内基地学校，协助基地学校队伍的成立及训练。制订新的社团考评方案、社团发展规划，借助社会平台让社团活动走出校园，同时提升社团竞技能力。提高体艺特长生高校的录取率，特别是增加女足队员向全国排名前十位的大学的人才输送量。

体艺课程建设任务分解：

（1）完善相关设施设备，主要是升级改造形体训练室、各体艺功能室、运动场主席台，新建学校风雨操场等。

（2）完善社团发展方案及考核方案。

（3）在现有的区内基地学校建立女子足球队并定期进行技术指导，对学校已有的女足队伍进行定期技术指导。

（4）进一步规范社团管理，开设家长课堂。

（5）与区内外的基地学校建立完善合作方式，争取共赢发展。

（6）挖掘有艺术特长的班主任，并制订培养计划，安排课程教学，提高班主任的竞技能力。

（三）"责任化"课堂建设

按照新课程理念，改变传统课堂教师"大包大揽"、学生"被动接受"的教学生态，明确教师与学生在课堂教学中各自应有的目标任务与角色责任，构建以彰显担责和尽责为核心价值的课堂教学方式，着力引导学生掌握学科必备知识,形成学科关键能力,进而内化为学科素养,将立德树人的根本任务在课堂教学中真正落地。组织专家对教师开展培训,使其掌握直觉思维、形象思维、逻辑思维、辩证思维、发散思维、创新思维的概念,在对学生的知识讲解、知识梳理、知识拓展、知识构建中能灵活运用这六大思维。课堂上要求教师培养学生良好的学习习惯,激发学生学习兴趣,教会学生科学的学习方法,使其具备良好的思维能力和思维品质。课堂建设的主要内容如下:

1.构建教学相长、责任共担的"134生态课堂"教学方式

初中的课堂建设坚持以生为本,注重启发式、互动式、探究式教学,教师课前要指导学生做好预习,课上要讲清重点难点、知识体系,引导学生主动思考、积极提问、自主探究。融合运用传统与现代技术手段,重视情境教学;探索基于学科的课程综合化教学,开展研究型、项目化、合作式学习。精准分析学情,重视差异化教学和个别化指导。

高中的课堂建设要更加突出学生在课堂教学中的能动性与生成性,按照教学计划循序渐进开展教学,提高课堂教学效率,培养学生学习能力,促进学生系统掌握各学科基础知识、基本技能、基本方法,培养适应终身发展和社会发展需要的正确价值观念、必备品格和关键能力。积极探索基于情境、问题导向的互动式、启发式、探究式、体验式课堂教学,注重加强课题研究、项目设计、研究性学习等跨学科综合性教学,认真开展验证性实验和探究性实验教学。提高作业设计质量,精心设计基础性作业,适当增加探究性、实践性、综合性作业。积极推广应用优秀教学成果,推进信息技术与教育教学深度融合,加强教学研究和指导。

2.建设以责任教育为核心内容的学习小组

小组学习是生态课堂最基本的学习形式和最基本的学习单元。学生的自主、合作、探究学习方式通常通过学习小组来组织完成,课堂教学双边活动的开展也是主要通过小组学习来实施。小组合作学习不仅可以使师生之间、学生之间更有效地进行语言交际,而且还可以培养学生的合作意识、团队精神,进而促使学生形成良好的心理品质。

小组学习让学生由被动变为主动,把个人自学、小组交流、全班讨论、教师指点等有机地结合起来。特别是在分组讨论中,学生的主体作用得到了充分发挥,组内成员相互合作,小组之间合作、竞争,激发了学生学习热情,挖掘了个体学习潜能,增大了课堂信息量,使学生在互补促进中共同提高。

3.发挥课堂教育主渠道作用,进行责任教育的渗透

教师在授课时应认真备课,找准责任教育切入点,将授课知识与责任教育结合,使责任意识如涓涓细流滋润学生心田,达到润物细无声的效果。例如政治课堂中渗透勤俭节约、诚实守时等方面的教育;在语文学科中加强家国情怀、革命传统等方面的教育;艺术类学科中包含情感教育、审美教育等等。在具体的课堂教学中教师可根据学生的实际情况,将责任教育融于教学中,加强学生对责任的认识和内化,深入培养学生的责任意识。

(四)"责任化"队伍建设

1.干部队伍建设

(1)岗位责任意识培养

第一,增强责任意识。首先就是明确责任,每一名干部都有不同的工作岗位,岗位赋予其责任。有责要有为,有为才有位,干部要常思量自己工作岗位的来之不易,常掂量自己肩负的责任之重,以此增强自身荣誉感和责任感,并主动增强爱岗敬业的意识,在其位谋其政,履其职尽其责。其次是树立责任感,干部要认真履行自己的职责,敢于直面困难,主动承担急难险重的任务,积极化解各种复杂矛盾,做到事不避难,敢于担当,积极主动,扎扎实实地推动工作。最后是落实责任,抓落实,要从实际出发,抓重点、抓关键、抓突破,想实招、办实事、求实效,要深入师生,搞好调查研究,探寻思路举措,破解发展难题,要求真务实,苦干实干,不做表面文章,一步一个脚印,不达目的不罢休。

第二,考核责任效果。完善干部管理制度,制订《重庆市巴南中学校中层干部考核细则》,考核干部岗位履责情况;将干部的考核实行量化,使考核的程序更加民主透明;建立干部奖惩制度,对政绩突出的、群众信赖的干部给予奖励、重点培养,政绩平平、群众反映差的干部实行诫勉或免职,逐步实现能者上,庸者下的局面;激活干部管理机制,推进岗位竞聘制度,进一步促进干部队

伍素质的提高,以适应现代学校管理的需要。

(2)岗位管理能力培养

第一,干部培训目标。提高政治理论修养,熟悉国家的教育政策和法规,形成依法治校的能力;掌握现代教育科学理论和新课改背景下学校教育科学研究的基本知识、方法,提高组织实施素质教育的能力和水平;掌握现代学校管理的理论和方法,提高科学管理学校的能力和水平;加强学习意识和研究意识,提高管理的可持续发展能力。

第二,干部培训内容。坚持政治思想理论、岗位专业知识与教育管理实践的有机统一,始终将干部素质能力建设贯穿于培训全过程。政治思想理论主要包括马克思主义理论、政策法律法规及科学与人文教育;岗位专业知识主要包括现代教育理论和学校各类干部岗位需要的教育管理专业技能;教育管理实践培训要坚持理论联系实际的原则,注重培训内容与方式的科学融合和相互统一,紧密结合"新课程改革""初高中一体化建设"和学生"养成教育"等的实际需要,挖掘内容、提升自我、加强整合、提高实效。

第三,干部培训方式。一是指导自学,由于中层干部在学校工作中具体管理任务和教学任务较重,在培训中主要加强自学指导,规定自学内容,完成学习心得,以此提高自学能力;二是集中学习,请专家进校授课,将讲授与研讨交流、案例教学和现场教学有机结合,提高集中学习的实效性和针对性;三是活动引领,提升干部的教育教学和管理能力,通过校本研修、走入名校高校教育考察等活动将所学理论与实践相结合,有效提高培训的针对性和实效性。

(3)后备年轻干部培养

干部队伍的新老交替是一个客观规律,后备干部的选定和培养是保证干部队伍久盛不衰的必要环节,做好这项工作意义深远。后备干部的选定采用民主推荐、学校考核的程序,坚持德才兼备、以德为先的原则,把政治素质高、业务能力强、群众基础好的年轻同志选定为后备干部。选定后的重要任务是培养,培养的有效途径是岗位锻炼。

首先,使其尽早进入相近岗位。及时安排后备干部进入相近岗位,使他们更快熟悉相近岗位工作的规律和管理方法,积累经验,得到锻炼提高,为将来进入岗位打下基础。

其次,使其尽快进入相应岗位。后备干部的培养要严格要求,但也不能求全责备。要解放思想,大胆任用,不能等后备干部十分成熟时才重用。实际上不进入岗位,不实际锻炼,是永远不会成熟的。

最后,加强指导,关注他们的工作,关心他们的成长。当他们出现差错时,帮助他们分析产生差错的原因,提出改进意见;当他们遇到棘手的问题而无良策时,学校领导要适时点拨,启发他们寻求解决问题的办法;当他们情绪不高、劲头不足时,给予他们鼓励,增强他们的自信;当他们不慎犯了错误时,应给予诚恳的批评,晓之以理,动之以情。

干部队伍建设任务分解如下:

①完善考核评价机制,拟定《重庆市巴南中学校中层干部考核细则》。

②加强干部教育培训,分层分类完成上级培训、集中培训、岗位培训等干部培训工作。

③指导年轻干部作为主任助理走进岗位,熟悉岗位工作规律和管理方法,积累经验,使其得到锻炼提高,能够独立工作,直至其转正。

2.德育队伍建设

为贯彻落实"立德树人"根本任务,培养一支具有高度责任感的德育队伍,要通过激励机制,鼓励更多年轻教师加入德育管理队伍,使德育管理队伍年龄梯度合理,这样也更有利于学校可持续发展。要充分发挥名班主任的引领带头作用,培养一定数量的在巴南区有影响力的名班主任。与教学处的"学养"课程建设紧密合作,细化、优化德育管理的目标、手段及方式方法,形成"学养"读本,让德育管理更加有序、有效。

德育队伍建设任务分解如下:

(1)通过培训,改变原有德育"重管轻导"的局面,要加强引导和指导,逐步改变班主任的工作意识和观念,提高工作站位,克服"见子打子"的被动局面。

(2)完善班主任培训制度,创新班主任培训机制,选拔合适班主任人选,着力培养打造巴南区名班主任。

(3)调整、优化生活管理人员结构,定期培训,提高管理绩效。

（4）建立学生干部机制，定期轮训各类学生干部。

（5）修改完善学校优秀班主任、先进班集体等评选办法。

（6）与教学处密切配合，共同形成巴南中学学养课程，细化各环节要求，加强督促引导，完成各年级、各年龄段不同的学养要求，形成校内读本。

（7）结合学养读本（手册）的解读，加强班主任、生活管理人员、学生干部的培训，落实要求。

（8）形成规范、有序的德育管理体系。

3.教师队伍建设

专业教师队伍是学校教育教学工作的主流与中坚，按照德才兼备的人才标准，将"是否懂责任、是否负责任"作为"德"的重要内涵，将"是否懂专业、是否能站好讲台"作为"才"的关键指标。在教师队伍的培养过程中，学校坚持责任意识与专业能力"双培养"，既让高度负责任的精神提升教师专业成长的主动性与自觉性，又让专业发展水平的提高来更好地支撑负责任教育的实践。

（1）以责任精神为核心与主线，涵养教师教育情怀，筑牢师德底线。

首先，完善相关制度。根据国家相关要求，制订突出"履职尽责"的师德师风建设的校本化相关制度，从制度层面规范教师从教行为，强化责任担当，突出对尽职尽责教师的支持与鼓励，对责任缺失、履职不力的行为及时予以矫正。

其次，加强宣传教育。通过各种会议、专家讲座、内外培训等形式多渠道宣传国家对师德师风尤其是教育责任精神的要求，让全体教师晓内容明道理，使其更进一步认识到强化教育责任担当既是学校行为，更是国家意志。

再次，强化文化共建。责任精神要转化为责任行为，首先需要全体教师内心高度认同学校的责任教育理念，真正认识到责任管理的重要性与必要性。为此，学校通过组织责任教育、责任管理的内部讨论会、分享会、建言献策会等各种方式，吸引鼓励广大教师参与到责任教育、责任管理的大讨论中，广泛吸收教职工合理的意见建议，最大程度地达成对责任管理中涉及的"是什么、为什么、怎么办"等基本问题的共识，以更好地推动责任教育和责任管理的实施。

（2）以个性化发展为重点,促进教师专业化发展。

尊重个性化的心理需求。让每位教师制订自身发展的三年规划,进一步了解、分析教师的需求;营造宽松的、民主的环境,在尊重的基础上,鼓励教师发挥自己专长。

一是创设良好的教师学习条件。学校每年购置一定量的教育专著,订阅相当数量的教育刊物,并对教师订阅杂志进行补贴;保障教师信息化办公条件,实现资源共享;请专家办讲座,满足教师不同层面的需求等。

二是开通多项渠道。除安排教师参加市区教师进修、培训外,学校还积极开辟其他学习通道。

三是尊重教师个体发展的选择,为教师专业发展和个性发展提供有针对性的指导和个性化的服务。

四是抓实结对帮扶工作,尽快促进新教师的成长。

（3）以校本教研为抓手,促进教学团队建设。

第一,以教研组建设促进教研质量提升。为了充分发挥教研组长作用,提升教研组长队伍的整体素质,更好地建设学校学习型团队,促进学校教育教学质量提高,教学处组织每周一次教研组长、备课组长校本培训。同时通过实施《教研组长、备课组组长工作职责》制度充分发挥教研组长的能动性和创造性,促进他们不断学习、思考、转变观念,强化教改意识、创新意识,进一步提升管理水平、教研水平。

第二,组织开展青年教师大奖赛、骨干教师展示课及高级教师展示课三大活动,推动教师专业化发展。

第三,借助外力,转变教师观念。学校努力为教师提供交流学习的平台,促进教师间的沟通,形成畅所欲言、知无不言、言无不尽的良好学习氛围,引导老师们转变过时的教育观念,学习先进的教育理念。

第四,以集体备课为抓手,推动教师的成长。

第五,开展校际交流,促进双向提高。本着"走出去,请进来"的方式,学校努力为促进教师成长搭建校际交流平台,创造交流机会。

（4）以课程建设为载体,推进专业发展。

学校将教师专业发展的重心放在课程建设上,要求老师领会课改精神,掌握新课程标准,与时俱进,努力成为课程实施与开发的引领者。

(5)加强教育科研,提高教师研究能力。

学校引导教师抓住教育教学中的实际问题开展课题研究,在研究中萌发自主学习、主动参与的欲望,在研究中提高解决实际问题的能力。

教师队伍建设任务分解如下:

①教师制订自身专业发展的三年规划,经教科室审核后付诸实施。

②开展青年教师大奖赛、骨干教师献课活动等。

③教师针对课程建设、课堂建设中的实际问题开展课题研究,争取有5个左右的校级课题开题。

④抓好每周一次教研组长、备课组长校本培训。

⑤利用好初中的"七校共同体"平台,为老师创造交流机会。

⑥利用学校百师讲坛平台,对老师开展师德师风、教育理念、课程开发、课堂教学等培训。

4.职员队伍建设

职员队伍是一支为教育教学中心工作服务的队伍,其责任意识与责任行为同样是不可或缺的,我校对该队伍提出了"严守工作标准、服务全校师生"的要求,具体从以下几方面加强责任管理。

(1)制订合理的、有效的考勤制度和办公制度,确保制度高效易操作,且兼具激励性、导向性。

(2)各处室定期对本处室职员开展业务培训,提升业务能力、优化服务水平。

(3)建立恰当的评价机制,让职员的工作能力、服务水平呈螺旋式上升的发展态势。

职员队伍建设任务分解如下:

①进一步完善职员的考勤制度、办公制度和评价机制。

②各处室主任对本处室职员开展培训。

③各处室主任根据职员的性格和长处,安排其到最合适的岗位就职。

(五)"责任化"后勤建设

进一步细化后勤各类人员的岗位职责,使其优化服务态度,提高服务技术,做到热情服务、耐心服务、周密服务、安全服务、廉洁服务,让师生满意。建立健全后勤规章制度,逐步实现后勤精细化管理。严格校产管理,做到物尽其用。改造校内管道设施,优化校园环境,净化、绿化、美化校园,营造环境育人氛围。争取上级资金改造升级初中班级"班班通"20套,利用现有闭路和"班班通"设备,建成高三年级电视直播系统。

后勤建设任务分解:

①规范管理,进一步细化每位后勤工作人员的岗位职责、工作任务和工作目标。

②完善服务、采购、基建维修和食堂等内控制度,逐步实现后勤工作精细化管理。

③加快学校信息化建设。

④建设各高考学科功能室。

⑤建设各特色活动功能室及场所。

⑥实施校舍改造升级系列项目。

(六)"责任化"保障建设

1.思想保障

组织广大教师进行学习,使其充分把握教育的理念与内涵。营造良好的思想氛围,使全校教师理解规划实施对学校发展的战略意义。促进全体教师更新教育观念,为规划实施提供坚实的思想保障。

树立大教育观,形成上级、学校、家庭、社区教育合力,构建学校与社会的和谐发展、学校与学校之间的和谐发展、教学体系师生之间的和谐发展等。

加强与社区、周边单位的联系,积极参与社区的文化体育活动,促进学生、教师、学校和社会的共同发展。通过家长委员会,传递教育方法,使其共同参与学校教育。同时通过家长委员会,传递学校文明,通过学校影响家庭和社会,在功能转换上发挥学校作为文明传播者的应有作用。建立学生服务队,发挥团组织和学生会的作用,坚持与社会沟通,包括关心弱势群体等。通过学生的活动影响社会,反过来再通过活动影响学生和学校,使活动起到学校与社会和谐发展的中间体作用。

2.组织保障

责任管理是一个发扬民主、群策群力的过程,党政工团形成合力,发挥各自功能,共同服务于学校发展。学校党委发挥政治核心,监督保障作用;校长对学校事务全面负责,协调学校对外关系,整合学校办学资源,合理安排学校工作;工会、共青团要发挥好桥梁纽带作用,加强沟通协调。

3.制度保障

为落实责任教育和责任管理,学校在梳理、吸收现有制度的基础上,根据上级政策与学校责任管理要求,逐步建设比较系统完善的责任管理制度体系。学校一方面要对已有的各项规章制度进行完善,在充分听取广大教职工的意见和建议基础上,结合学校实情和发展规划,继续深入实施学校的干部制度、人事制度、教学管理制度和评价制度;另一方面要针对发展规划的要求和教育改革发展的新形势,建立一系列新的规章制度,推动教师的专业化成长和学校的可持续发展,为学校的长远发展提供后续保证。

在制度的执行上,工作要稳健,求真务实,真抓肯干;各环节要密切配合,积极投入,埋头苦干、拼命硬干;落实定期检查制,对规划方案中质量目标实现情况进行阶段分析、指导、落实。加强民主管理,充分发挥教代会的民主管理职能;积极开展工作,善于发现问题,勇于解决问题,不推诿责任,工作要沉下去,扎扎实实,务求实效。

4.物质保障

为激发全体师生参与学校的责任教育与责任管理的积极性,学校要在责任教育特色建设过程中进行必要的条件保障,在经费与物质条件有限的情况下,需要在以下几方面进行倾斜。

(1)多方采取措施提供资金保障,确保学校各项工作顺利开展。要实现学校快速稳定发展,不断提升教师队伍质量和优化办学条件,必须有充足的物质和技术支持,才能保障学校规划顺利完成。

（2）优化资源配置，提高学校资源使用效率。学校各方面资源的配置要在充足的基础上进行优化，提高其使用效率。

（3）加大对学校发展作出贡献的师生的奖励力度。从精神上、物质上激发广大师生学习和工作的积极性，激励广大师生为学校的发展贡献自己的才智，从而推动学校朝既定目标快速发展，加快三年发展规划目标的达成。

参考文献

1.任东来.从负责任的公民到负责任的全球公民[J].美国研究,2003,17(3):127.

2.崔欣頫.学校责任教育论纲[D].南京:南京师范大学,2006(12):95.

3.苏娜,单玉平.我国中学生责任伦理教育现状调查分析[J].华东师范大学学报(教育科学版),2018,36(4):122.

4.王哲.高中生责任教育的探究[D].东北师范大学,2005(4):11-12.

5.姜澎.过度教养导致责任心缺失[N].文汇报,2009-7-13(6).

6.李菲.当前青少年社会责任感的发展现状与教育思考——基于西北地区的调查[J].现代中小学教育,2016(2):13.

7.刘淑芬.初中生责任教育现状调查及分析——以乌海四中初二学生为例[D].呼和浩特:内蒙古师范大学,2011(4):12.

8.王兆林.学会负责与学校责任教育再探[J].中国教育学刊,2003(4):57.

9.孙庆平.责任教育的基本内涵及当代要求[J].绥化学院学报,2005(2):118.

10.梁启超.梁启超文集[M].北京:线装书局,2009:48.

11.中共中央马克思、恩格斯、列宁、斯大林著作编译局.马克思恩格斯选集:第1卷[M].北京:人民出版社,1995:73.

12.中共中央马克思、恩格斯、列宁、斯大林著作编译局.马克思恩格斯全集:第1卷[M].北京:人民出版社,1956:452-453.

13.中共中央马克思、恩格斯、列宁、斯大林著作编译局.马克思恩格斯全集:第3卷[M].北京:人民出版社,1960:326.

14.中共中央马克思、恩格斯、列宁、斯大林著作编译局.列宁全集:第1卷[M].北京:人民出版社,2013:105,109-110.

15.中共中央马克思、恩格斯、列宁、斯大林著作编译局.马克思恩格斯全集:第1卷[M].北京:人民出版社,2012:133.

16.中共中央马克思、恩格斯、列宁、斯大林著作编译局.马克思恩格斯选集:第2卷[M].北京:人民出版社,2012:151.

17.王良铭.马克思恩格斯著作精选导读[M].南京:东南大学出版社,2008.

18.中共中央马克思、恩格斯、列宁、斯大林著作编译局.马克思恩格斯全集:第20卷[M].北京:人民出版社,1971:124.

19.中共中央马克思、恩格斯、列宁、斯大林著作编译局.马克思恩格斯全集:第20卷[M].北京:人民出版社,1971:125.

20.赵汀阳.《论可能生活》[M].北京:生活·读书·新知三联书店,1994:158.

21.中共中央马克思、恩格斯、列宁、斯大林著作编译局.马克思恩格斯全集:第3卷[M].北京:人民出版社,1960:329.

22.戚万学.道德教育新视野[M].济南山东教育出版社,2004:74-75.

23.丁永为.工业社会、民主与教师专业精神——纪念杜威名著《民主与教育》出版一百周年[J].教育学报,2016:96.

24.吕达,刘立德,邹海燕.杜威教育文集:第2卷[M].王承绪,译.北京:人民教育出版社,2008:344.

25.赵祥麟,王承绪.杜威教育论著选[M].上海:华东师大出版社,1981:347.

26.谢新观.远距离开放教育词典[M].北京:中央广播电视大学出版社,1999:88.

27.辛珂.杜威与柯尔伯格德育理论的简要比较分析[J].现代交际,2017(15):137.

28.吴甸起.从理论上更加开阔地认识"责任教育"的蕴含[J].山东教育学院学报,2004(2):7.

29.朱哲.教育的大情怀——江苏省泰州中学"责任教育"纪实[J].人民教育,2012(4):67.

30.俞国良,辛自强.《杜会性发展心理学》[M].合肥:安徽教育出版社,2004:250.

31. 王兆林.学会负责与学校责任教育再探[J].中国教育学刊,2003(4):58.

32.鲁洁,王逢贤.德育新论[M].南京:江苏教育出版社,2000:468.

33.马志尼.论人的责任[M].吕志士.译.北京:商务印书馆,1995:101.

34.胡卫,唐晓杰.教育研究新视野1995—2005[M].上海:上海人民出版社,2005:484.

35.单玉."服务学习"(SL)负责任公民的生成[J].外国中小学教育,2004(3):25.

36.戚万学.现代西方道德教育理论研究:上卷、下卷[M].北京:人民教育出版社,2020:78.

37.联合国教科文组织国际教育发展委员会.学会生存:教育世界的今天和明天[M].华东师范大学比较教研研究所,译.北京:中国人事出版社,1996:207.

38.柯尔伯格.道德教育的哲学[M].魏贤超,译.杭州:浙江教育出版社,2000:394-395.

39.戚万学.冲突与整合——20世纪西方道德教育理论[M].济南:山东教育出版社.1995:28.

40.王兆林.学会负责与学校责任教育再探[J].中国教育学刊,2003(4):57.

41.中国教育学会.学校伦理研究[M].台北:台湾书店,1985:89.

42.朱哲.教育的大情怀——江苏省泰州中学"责任教育"纪实[J].人民教育,2012(4):71.

43.联合国教科文组织总部中文科.教育——财富蕴藏其中[M].北京:教育科学出版社,1996:146.

44.孙飞.论学校目标管理的优化[J].现代中小学教育,2007(6):71.

45.张康之.社会治理中的责任和义务结构[J].天津社会科学,2004(1):53.

后 记

一、本书主体内容与主要观点

进入21世纪,人类生存危机不减、时代变幻加剧,强调责任成为时代呼唤和共同愿望。建设负责任的社会,培养负责任的公民,是国际社会的责任,是国家的责任,也是学校教育的责任,本书就是在这一大背景下开展探究的。

本书在前人研究的基础上,结合笔者所在学校的实际,学习、吸收、借鉴众多研究者和实践者的成果,围绕学校教育中"责任"这一关键词,从教育管理的视角进行了一定的思考和探索,意在整理自身思路,同时也引起同行们对学校责任教育和责任管理的进一步认识与关注。由于能力有限,提出的一些个人见解难免偏颇,存在诸多不足之处,恳请谅解和指正。

本书在学习和借鉴相关的理论研究与实践经验的前提下,综合时代要求、现状发展和学校实际三个方面的需要提出了中学责任教育的研究课题。在论证其理论和现实意义的基础上,广泛借鉴中华优秀传统文化中的责任教育思想、马克思主义哲学以及教育学中的责任教育观点,梳理了责任教育的内在逻辑,分析了责任教育的内涵、目标、原则等有关理论问题,并对责任教育在中学的实践进行了探究,重点探讨了责任教育的课程建设、教育方法和实施途径等重要问题。通过研究,试图构建校本化的责任教育课程体系,摸索学校责任教育的实践逻辑。

在责任教育研究的基础上,本文将研究的思路进一步延伸到学校管理领域,试着将责任这一关键词注入学校的发展改革过程中,关联到每一位教职工的教育行为上,从而提出了学校责任管理这一命题。学界教育管理的研究颇多,实践领域也在教育管理方面积累了丰富的经验,但就笔者所接触的情况来看,对责任管理的研究和实践并不多见,更鲜见有将责任管理作为教育管理的一种模式或方法进行探讨的。因此,本书对教育责任管理的研究虽不能称创新,但实属可称是有些许勇气,甚至大胆的尝试。在研究过程中,本文学习借鉴了目标管理、制度管理、文化管理的相关研究成果,立足责任的本质属性和内在要求,研究了作为教育管理模式的责任管理应然的内涵、目标、理念、原则、机制等内容,并借鉴系统论的观点,从宏观和微观两个层面对责任管理系统的构建和运行进行了一定的思考。从宏观上提出责任管理应注重内部动力系统、执行系统和调控系统的建设,从微观上提出了责任管理"议责、定责、履责、评责、修责"等五环节的实践路径,并进一步阐明了责任管理所需要的支撑保障。

本研究的主题内容是责任教育,但又打破一般责任教育研究的做法,不限于责任教育研究领域,而是将责任教育的理念和要求延展到学校教育工作者的行为要求和学校管理领域,探讨学校责任管理模式的建构与实践,着力于责任教育与责任管理的相互影响、相互支撑,力争建立起比较完整的学校责任教育与责任管理的系统。

中学责任教育这个命题,既是现阶段德育内容的重点,又为未来职业道德教育打下坚实的基础,是具有很强的现实性和生命力的。笔者坚信,责任是人类永恒的主题,责任教育和责任管理是一项长期、艰巨但是极其重要的任务,因而对其展开研究也是一项并不轻松但有价值的事情,这也是鼓励笔者选择本研究并克服诸多困难坚持下去的原因。

二、本书研究中存在的问题与继续研究的设想

本书的写作广泛地借鉴了他人的智慧经验和研究成果,笔者也尽己所能进行探索研究,但因个人能力有限,使得文章在写作过程中常感吃力,草创写成后仍存在诸多不足之处,主要体现在以下几个方面。

(一)理论研究方面

本书在寻求学校责任教育研究所需要的理论支持的时候,虽从中国传统文化、马克思主义哲学和教育学等方面进行了探寻,但仍然存在理论观点不够丰富、逻辑梳理不够清晰的问题,对后面的实践探索的指导也显得支持不够、匹配不足。

在对学校责任管理的研究过程中,由于接触到的文献资料和自身积累的

限制,导致理论借鉴不足、立论基础不扎实,因此难免使得本部分的研究陷入经验之谈和个人单方构想的局限之中。

(二)实践探索方面

在研究学校责任教育的实践过程中,始终有两个问题困扰着笔者,虽自己试图解决,但最终还是没找到令自己满意的答案。一是如何科学地设计中学阶段六个年级的责任教育内容,使之具有针对性和可行性？二是如何将责任教育的课程内容与实施方法有机地结合起来,为形成具有可操作性的责任教育实施框架和方案提供科学而现实的指导,使得整个学校和各个年级在实施责任教育的时候能做到心中有标、眼中有人、手中有法？这是一个需要寻求多方指导、继续努力研究的重要课题。

在探究学校责任管理实践框架的过程中,虽然主观上希望通过自身努力能建构起责任管理的实践逻辑和系统模式,但受自身能力所限,终究未能完全跳出目标管理、制度管理等经典管理模式的传统思路和框架,未能就责任管理的模式特色、内在逻辑、实践策略等做出有创新意义的探索,未能将学校责任教育与责任管理内在结合并无缝衔接起来,也未能将责任管理系统的支撑保障体系梳理清晰,这不无遗憾,但也为自己指明了进一步研究的目标和方向。